Leitura subjetiva e ensino de literatura

Seleção dos textos: Annie Rouxel e Gérard Langlade

Coordenação da edição brasileira: Neide Luzia de Rezende

Tradução de oito artigos de:
Annie Rouxel e Gérard Langlade. Le sujet lecteur: lecture subjective et enseignement de la littérature. Rennes: PUR, 2004.
Tradução de três textos complementares de Annie Rouxel.

Tradutores:
Amaury C. Moraes
Arlete Cipolini
Gabriela Rodella de Oliveira
Leonaldo Batista dos Santos
Marcello Bulgarelli
Neide Luzia de Rezende
Rita Jover-Faleiros

Coordenação da revisão e revisão técnica:
Neide Luzia de Rezende
Rita Jover-Faleiros

Apoio técnico:
Gabriela Rodella de Oliveira

Leitura subjetiva e ensino de literatura
Annie Rouxel · Gérard Langlade · Neide Luzia de Rezende
(organização)

Copyright © 2013 Annie Rouxel * Gérard Langlade * Neide Luzia de Rezende

Grafia atualizada segundo o Acordo Ortográfico da Língua Portuguesa de 1990, que entrou em vigor no Brasil em 2009.

Publishers: Joana Monteleone/Haroldo Ceravolo Sereza/Roberto Cosso
Edição: Joana Monteleone
Editor assistente: Vitor Rodrigo Donofrio Arruda
Revisão: Renata Asbahr/Rogério Chaves
Projeto gráfico e diagramação: Sami Reininger
Capa: Juliana Pellegrini
Imagem da capa: sxc.hu

CIP-BRASIL. CATALOGAÇÃO-NA-FONTE
SINDICATO NACIONAL DOS EDITORES DE LIVROS, RJ

L557

LEITURA SUBJETIVA E ENSINO DE LITERATURA
Org. Annie Rouxel, Gérard Langlade, Neide Luzia de Rezende; seleção dos textos Annie Rouxel e Gérard Langlade; coordenação da edição brasileira Neide Luzia de Rezende; tradutores Amaury C. Moraes... [et al.]; coordenação da revisão e revisão técnica Neide Luzia de Rezende, Rita Jover-Faleiros.
São Paulo: Alameda, 2013.
210p.
Inclui bibliografia
Tradução de 8 artigos de: Rouxel, A. e Langlade, G. (org.) *Le sujet lecteur: lecture subjective et enseignement de la littérature*. Rennes: Presses Universitaires de Rennes (PUR), 2004. Tradução de 3 textos complementares de Annie Rouxel

ISBN 978-85-7939-134-7

1. Interesses na leitura. 2. Literatura infantojuvenil – Estudo e ensino. 3. Crianças – Livros e leitura. 4. Jovens – Livros e leitura. I. Rouxel, Annie. II. Langlade, Gérard. III. Rezende, Neide Luzia de.

12-2890.

CDD: 028.55
CDU: 028.5

035261

ALAMEDA CASA EDITORIAL
Rua Conselheiro Ramalho, 694, Bela Vista
CEP 01325-000 São Paulo, SP
Tel. (11) 3012-2400
www.alamedaeditorial.com.br

Sumário

Apresentação ao leitor brasileiro   7

Neide Luzia de Rezende

Apresentação dos organizadores franceses   19

Annie Rouxel e Gérard Langlade

O sujeito leitor, autor   25
da singularidade da obra

Gérard Langlade

Três personagens em   39
busca de leitores: uma fábula

Bertrand Gervais

A leitura como retorno a si: 53
sobre o interesse pedagógico das leituras subjetivas

Vincent Jouve

Autobiografia de   67
leitor e identidade literária

Annie Rouxel

Les moi volatils des guerres perdues,   89
a leitura, construção ou desconstrução do sujeito?

Catherine Mazauric

Da crítica de admiração à leitura "scriptível"   103
Violaine Houdart-Mérot

Direitos do texto e direitos dos   117
jovens leitores: um equilíbrio instável
Catherine Tauveron

A emergência e o choque das subjetividades de   133
leitores do maternal ao ensino médio graças ao
espaço interpretativo aberto pelos comitês de leitura
Marlène Lebrun

Textos complementares de Annie Rouxel   149

A tensão entre utilizar e interpretar na recepção de   151
obras literárias em sala de aula:
reflexão sobre uma inversão de valores ao longo da escolaridade

Apropriação singular das obras e cultura literária   165

O advento dos leitores reais   191

Apresentação ao leitor brasileiro

Neide Luzia de Rezende

O que se sabe sobre o leitor, este sujeito que se engaja na leitura de um texto? O que ele olha? O que procura? Está na escuta de quê? – pergunta Bertrand Gervais.[1]

Este livro aborda a leitura tendo em vista o ensino de literatura mediante uma problemática longamente discutida mas pouco aceita: a perspectiva subjetiva da leitura, a do chamado "leitor empírico", "leitor real", "sujeito leitor".

Cada um possui sua história de vida, seu repertório de leituras (se alfabetizado), uma trajetória cultural e social, e se insere em determinada comunidade. Sendo diferentes os sujeitos, configuram, também, subjetividades múltiplas, diversidade esta que não impede esses indivíduos de compartilhar muitos dos sentidos construídos durante suas leituras – "comunidades interpretativas", "comunidades textuais", ou simplesmente "comunidades de leitores" são algumas das denominações correntes hoje para agrupamentos com referências culturais compartilhadas, não obstante os qualificativos tenham suas peculiaridades no interior das teorias das quais emergem. A escola certamente se configura como uma comunidade, cujas peculiaridades em relação à leitura serão cuidadosamente tratadas neste livro.

Selecionados e traduzidos da obra francesa *Le sujet lecteur: lecture subjective et enseignement de la littérature* [O sujeito leitor: leitura subjetiva e

---

[1] No artigo aqui publicado, "Três personagens em busca de leitores: uma fábula", p. 39.

ensino da literatura],[2] os artigos abordam questões que se encontram no cerne das discussões contemporâneas sobre ensino da literatura. Tais textos foram originalmente apresentados no colóquio "Sujeitos leitores e ensino da literatura", na cidade de Rennes, França, em 2004. A seleção operada pelos coordenadores procurou ser útil ao leitor brasileiro, em especial aos profissionais da área de educação. O conjunto ganhou o acréscimo de mais três ensaios inéditos de Annie Rouxel.

Permitir a flutuação das impressões singulares das crianças e dos jovens durante a leitura tem sido – e sempre foi – considerado procedimento incompatível com a escola, inócuo e até mesmo prejudicial ao ensino da literatura, uma vez que remeteria a uma subjetividade sem ancoragem no texto – uma "viagem" do leitor aprendiz. As representações desse tipo de leitura que circulam na sociedade e em especial no meio educacional – professores (tanto do nível básico quanto da universidade), gestores, alunos e pais – trazem marcas de uma visão "psicológica" da leitura, malvista e mal-afamada, que não cumpriria a função formativa, objetiva e universal, própria da escola. Entretanto, trata-se de um terreno acidentado, repleto de paradoxos, uma vez que ninguém em sã consciência pode negar o caráter singular e individual – subjetivo, portanto – da leitura, em especial da leitura literária.

Um desses paradoxos pode ser vislumbrado se se pensar nas teorias cognitivistas, praticamente hegemônicas hoje nas abordagens psicopedagógicas, que destacam a importância da leitura para o desenvolvimento psíquico e social da criança e do jovem. Desde Vygotsky, Piaget, Saussure, tanto a psicologia quanto a linguística trouxeram contribuições importantes para a construção do sentido na esfera da linguagem, tendo a leitura e a escrita ganhado excelentes estudos capazes de abrir para a pedagogia possibilidades imensas quanto ao funcionamento da linguagem. As competências linguísticas e textuais (em cujo âmbito entram a noção de repertório

---

2 A tradução deste livro foi resultado de um esforço coletivo dos mestrandos e doutorandos do Grupo de Pesquisa Linguagem e Educação: Arlete Cipolini, Gabriela Rodella de Oliveira, Leonardo Batista da Costa e Marcello Bulgarelli, e dos professores Rita Jover-Faleiros (professora de Língua e Literatura Francesa da Universidade de Brasília, que também coordenou a revisão) e Amaury César Moraes (Faculdade de Educação da USP). A primeira revisão dos originais é de Renata Asbahr, em seguida levada a cabo por Gabriela Rodella de Oliveira.

Leitura subjetiva e ensino de literatura   9

ou de saber prévio) do leitor seriam mobilizadas na conexão com os enunciados ditos e supostos nas lacunas do texto, e permitiriam, no processo de inferência, a construção do sentido, produzindo a interação texto-leitor própria a cada um. Ora, essa perspectiva, definida nas orientações oficiais como competências e habilidades, caminha na direção de práticas pedagógicas que "manifestam um maior respeito pelo aluno, sua lógica, seus ritmos, suas necessidades, seus direitos; atêm-se mais ao desenvolvimento da pessoa, menos a sua adaptação à sociedade", segundo Thurler e Perrenoud,[3] e abriu caminho com força no interior de uma tendência formativa tradicional de domínio de conteúdos previamente definidos no currículo.

Amplamente divulgadas no campo da Educação, essas teorias e abordagens dão sustentação aos materiais formativos dirigidos a professores e gestores, em cursos de formação inicial e continuada; encontram-se encravadas nos livros didáticos que circulam na escola e nos materiais didáticos de órgãos públicos, concretizadas nas orientações de estratégias de leitura e abordagem dos textos. Voltadas predominantemente para o polo da aprendizagem e com ênfase na singularidade do sujeito aprendiz, não se mostraram contudo capazes de promover na escola brasileira a mudança de práticas escolares que cada vez mais se afastam da leitura literária efetiva.

A "interação texto-leitor"[4] talvez tenha sido a abordagem mais recorrente nas orientações pedagógicas oficiais brasileiras (propostas curriculares, parâmetros, orientações curriculares etc.) das últimas décadas. Porém, dos vários lugares de onde se olha para o trabalho didático com a literatura,[5]

---

3 THURLER, M. G.; PERRENOUD, P. "Cooperação entre professores: a formação inicial deve preceder as práticas?" [Trad. Neide Luzia de Rezende] *Cadernos de Pesquisa*, v. 36, n. 128, p. 357-375, maio/ago. 2006.

4 Do ponto de vista das teorias da leitura, essa noção foi disseminada aqui pelos especialistas por meio do livro de ISER, W. *O ato de leitura: uma teoria do efeito estético.* Tradução: Johannes Kretschmer. São Paulo: Editora 34, 1996, v. 1 e 1999, v. 2.

5 No estado de São Paulo, diante do péssimo resultado de avaliações em larga escala (SARESP, SAEB, Prova Brasil, ENEM, PISA) e dos níveis muito irregulares de formação dos professores, o governo vem paulatinamente, desde 2008, conduzindo uma série de iniciativas para subsidiar o trabalho do professor e incrementar bom desenvolvimento das habilidades de leitura – incluiu na grade uma atividade de uma hora semanal chamada de "Hora da Leitura", substituída em 2010 pela disciplina Leitura e Produção de Textos, por sua vez eliminada em 2012; elaborou e distribuiu o *Jornal do Aluno*, em 2008, que em

10 Annie Rouxel ∗ Gérard Langlade ∗ Neide Luzia de Rezende

descortinam-se práticas que parecem ignorar, desconhecer ou menosprezar a articulação desses termos. Ora, se não há de fato leitura, inexiste a interação, e considerando-se que uma literatura só é concretizada na leitura – "a literatura não existe, só existem livros lidos" (Bellemin-Noël)[6] – é de se crer que, não havendo livros lidos, não há literatura na escola, pelo menos não na escola pública, instância principal de nossas pesquisas, preocupações e intervenções. Então, de que *ensino* se trata?[7] Segundo os professores dessas escolas, os alunos não leem, mas como apontam nossas pesquisas sobre as práticas de leitura dos estudantes, não é possível afirmar *genericamente* que eles não leem, mas sim que *geralmente* resistem a ler o que a escola quer que eles leiam.

Outro paradoxo passível de ser identificado nessa relação leitura-escola tem a ver com os *objetivos* da formação na escola básica e as condições existentes para cumpri-los. Desde a publicação dos documentos curriculares do Ministério da Educação decorrentes da última Lei de Diretrizes e Bases da Educação (LDB) de 1996, há uma ênfase na formação crítica do aluno, para que este se transforme futuramente num indivíduo consciente, autônomo, capaz de decisões próprias, o "cidadão crítico"; entretanto, a esses fins se opõe um sistema educacional público nos níveis estaduais e municipais que os inviabilizam. Há formação inicial insuficiente (a maioria formada por Institutos de Educação Superior particulares que alegam ter de complementar antes de mais nada um ensino médio fraco), professores mal pagos pelo governo, e, consequentemente, boicotes cotidianos, concretizados nas repetidas ausências, na migração para outras áreas e para as escolas

---

seguida se transformou no *Caderno do Aluno*, com uma versão para o professor, além de outros materiais de apoio didático. De outro ângulo, os relatórios dos alunos da disciplina ministrada por nós, professores de Metodologia do Ensino de Língua Portuguesa, da Faculdade de Educação da usp, produzidos ao longo dos últimos dez anos, vêm progressivamente relatando a pouca ou nenhuma presença do texto literário lido em sala de aula, substituído, no ensino médio, por simulacros e resumos.

6 BELLEMIN-NOËL. J. *Plaisirs vampires*. Paris: Presses Universitaires de France, 2001 *apud* LANGLADE, G. "O sujeito leitor, autor da singularidade da obra", neste livro, p. 38.

7 Não é o caso aqui de acusar o aluno – como fazem quase todos – de não ser um leitor, mas sim, por ora, de constatar o problema no polo do ensino, ou seja, no âmbito dos conteúdos e das metodologias, tendo em conta a sociedade de hoje e, em especial, o contexto cultural em que vivem os jovens, imersos nos *media*.

particulares quando há oportunidade, aulas mal preparadas ou sequer preparadas, desgaste intelectual e físico etc., além da imperiosa resistência dos alunos às desajeitadas tentativas de fazer a coisa funcionar.

Construir autonomia e visão crítica, tendo a leitura como a maior aliada, supõe que o professor tenha ele próprio vivenciado esse tipo de formação e que o currículo escolar reserve tempo e espaço para isso, uma vez que reflexão, elaboração, escrita e leitura, em especial literária, demandam tempo, num ritmo que não é aquele dos conteúdos objetivos com respostas exatas ou mecanizadas. Ler, refletir, fruir, entender, elaborar, reelaborar, requer mais do que uma ou duas horas semanais constantes numa grade, como sói acontecer. Sem contar que a circunscrição da leitura literária como disciplina nesses horários exíguos permite aos professores de outras disciplinas (inclusive os de língua portuguesa) se eximirem da responsabilidade de lidar com esse conteúdo.

Um terceiro paradoxo pode ser percebido na concepção de ensino de literatura que fundamenta e direciona os programas dos cursos de Letras e de Licenciatura em Letras. Na maioria dos currículos, em especial naqueles dos institutos privados que, como dissemos, formam o grosso dos professores da rede pública, a concepção e a disposição das disciplinas vinculadas às literaturas brasileira e portuguesa e à teoria literária seguem, respectivamente, o modelo convencional da história da literatura, linear e progressiva, e o modelo de análise e interpretação dos gêneros literários, mais frequentemente o poema e o romance, modelos esses transpostos para o ensino fundamental e médio numa dimensão estritamente técnica. Ou seja, um aluno de 6º ano, que, saindo do universo da literatura infantil, é introduzido no universo literário de obras juvenis e adultas, com muita probabilidade será chamado a conhecer o verso decassílabo heroico de Camões em vez de mergulhar no universo semântico da poesia deste ou de qualquer outro poeta para, assim, quem sabe, apreciar e fruir a literatura, como se espera dessa etapa do ensino – a "formação do gosto" revela-se um jargão, já que o professor, não tendo sido ele próprio ensinado a ver o leitor como instância da literatura, faz uma transposição didática daquilo que aprendeu no seu curso superior; o aluno do ensino médio, por sua vez, confronta a linha do tempo e todos os seus representantes literários, sem contato efetivo com as obras listadas. Tais questões, referentes à inadequação do ensino de literatura no nível básico de ensino, ainda que intensamente denunciadas nos textos críticos, em especial nos acadêmicos, não têm ecoado na maior parte dos programas da academia, voltados para a formação de professores de Língua Portuguesa das instituições de ensino superior.

Além desse polo, o do ensino, relacionado a governo, escola e professores, configurado nos três paradoxos discutidos, outro aspecto problemático a ser destacado em relação à leitura escolar reside no polo dos alunos: mergulhados em outras modalidades midiáticas e bastante seduzidos por elas, eles resistem à leitura das obras do cânone escolar, não obstante demonstrarem muitas vezes grande interesse por *best-sellers* contemporâneos. Ademais, o desenvolvimento da linguagem escrita é deficitário em todos os níveis de ensino (segundo denunciam os relatórios dos estagiários, as avaliações em larga escala e os professores), o que decerto dificulta a interação com o texto, uma vez que esta se ancora no conhecimento linguístico do leitor para propiciar a compreensão e a fruição. Por sua vez, os novos suportes eletrônicos pelos quais os alunos são atraídos, como mariposas pela luz, projetam novas formas de aquisição do conhecimento, que não são reconhecidas pela escola. Atividades simultâneas – como ouvir música, acessar vídeos ou outros aplicativos, pelo celular ou outro aparelho, enquanto assistem à exposição do professor ou copiam matéria da lousa –, às vezes até mesmo complementando as informações trazidas pela aula, numa espécie de procedimento *hipertextual*, não têm nenhuma aceitação na escola; são ruídos que impedem a concentração e atrapalham a aula, segundo os professores (e quem há de negar que eles têm razão?).

Tem-se a impressão, pelo menos nas escolas públicas brasileiras, de que a instituição, não obstante a pressão por mudanças, mantém-se, ainda, quanto ao ensino de literatura, presa a determinados parâmetros, ultrapassados ou ineficazes, enquanto os alunos caminham livremente em outra direção, infensos aos freios da escola, portanto também infensos ao tipo de conhecimento que ela propugna.

Ou seja, ricas como potencialidades, as teorias centradas no sujeito não foram, contudo, capazes de produzir mudanças significativas no trabalho com a leitura, principalmente na literária. De resto, a própria expressão

Leitura subjetiva e ensino de literatura 13

"leitura literária", gradativamente inserida no discurso pedagógico em lugar de "ensino de literatura" nas últimas décadas, também supõe outra concepção de literatura na escola, a qual se encontra presente neste livro que ora traduzimos: a do leitor como instância da literatura.

Desde que foi instituído o ensino de literatura no Brasil a ele preside a história literária, baseada numa relação de obras representativas da literatura nacional, que, no decorrer do século XX, foram paulatinamente deixando de ser significativas: tanto as teorias da história quanto as da literatura adotaram novos paradigmas. A intensidade das críticas à história da literatura de cunho positivista e a insistência por mudanças só são comparáveis, na disciplina de ensino de língua materna, àquelas contrárias à exclusividade do ensino da gramática normativa no início dos anos 1980 no Brasil.[8]

Diferentemente do tradicional ensino baseado no estudo do cânone, no caso do ensino médio (etapa da escolaridade a que se atêm os artigos de autoria de Annie Rouxel neste livro) – que paulatinamente foi se transformando ao longo das décadas em uma lista de características de escolas literárias que prescindem da leitura do texto[9] –, a "leitura literária" questiona a pretensa objetividade das leituras que privilegiam exclusivamente a palavra do especialista, reproduzida na maior parte das vezes de modo descontextualizado e fragmentado nos manuais didáticos. Isso não significa, contudo, eliminar da escola as obras "canônicas",[10] mas sua presença estaria condicionada a uma leitura efetiva, o que decerto

---

8 No campo educacional, as críticas provieram das abordagens fundamentadas na teoria da estética da recepção. Aqui, Regina Zilberman publicou um livro de divulgação de um de seus principais teóricos, Hans Robert Jauss, em 1989: ZILBERMAN, R. *Estética da recepção e história da literatura*. São Paulo: Ática, 1989.

9 Em 2006, propusemos (esta autora, junto com Enid Yatsuda Frederico e Maria Zélia Versiani Machado) com veemência nas Orientações Curriculares Nacionais para o Ensino Médio (OCNEM), produzidas pelo MEC, a necessidade de achar um lugar para a leitura literária na escola de ensino fundamental e médio (Cf. brasil. Ministério da Educação (MEC). *Orientações Curriculares Nacionais. Linguagens, Códigos e suas Tecnologias*. Ensino Médio. Conhecimentos de Língua Portuguesa. Conhecimentos de Literatura. Brasília, 2006). Esse documento encontra-se no *site* do MEC e pode ser consultado no seguinte endereço: http://portal.mec.gov.br/seb/arquivos/pdf/book_volume_01_internet.pdf. Acesso em: 06/11/2011.

10 Como dissemos nas OCNEM (p. 75), "se na universidade as diferentes pesquisas são veiculadas, movimentam e reorganizam o repertório de obras significativas, na escola o cânone em geral mantém-se, equivocadamente, estático, uma vez que em grande

reduziria drasticamente a quantidade de livros presentes nas listas obrigatórias do ensino médio ou dos vestibulares. Tendo em vista os obstáculos que apresentam em termos de linguagem e de visão de mundo, a leitura dessas obras geralmente é dificultosa e lenta, como revelam estas jovens de ensino médio (leitoras vorazes de romances variados, em especial dos *best-sellers* contemporâneos) de uma escola particular, em conversa gravada por uma de nossas pesquisadoras:[11]

Aluna 1 – *Se você me der qualquer livro para ler, eu leio. Se eu não me interessar eu paro, lógico, né?, mas eu leio, eu começo a ler... Eu tenho aquele interesse de querer saber como é que é a história e tal... Tipo* Dom Casmurro, *que ela falou, eu li até a página 100 empurrando com a barriga, porque não dá! Eu li até a página 100 e parei... porque não adianta eu ler e nada entrar aqui* (aponta para a cabeça). *Aí eu comecei a ler um resumo na internet...*

Aluna 2 – *Acho que eu fui uma das únicas que leu inteiro da minha sala. É que eu não gosto muito de Machado de Assis, porque além de a linguagem dele ser diferente, parece que ele não tem sentimento, ele fala umas coisas absurdas, umas coisas secas... sempre trágico.*

Aluna 3 – *É, ele tem umas histórias absurdas... Tipo* Dom Casmurro: *a Capitu traiu o outro, que teve filho com outro, entendeu? Uma coisa muito assim, sem sentimento. Parece que ele não tem assim, amor, não tem... sabe?*

Aluna 2 – *É, meio trágico* [riso breve]. *Tem sempre uma coisa estranha... sempre alguma coisa ruim... e o final é sempre um final ruim, nunca tem um final feliz.*

---

parte os conteúdos da disciplina são gerados pelos livros didáticos (os quais até agora se mantiveram fiéis a essa concepção cristalizada de história literária)".

[11] Pesquisa de doutorado em andamento de Gabriela Rodella de Oliveira, sobre a leitura de jovens do ensino médio em duas escolas públicas e duas particulares, na cidade de São Paulo.

Leitura subjetiva e ensino de literatura

Que a literatura é primordialmente voltada para essa liberdade imaginativa, possui potencial transformador e se encontra em oposição aos objetivos pedagógicos já o disse bem há quatro décadas um de nossos maiores críticos:

> conflito entre a ideia convencional de uma literatura que *eleva* e *edifica* (segundo os padrões oficiais) e a sua poderosa força indiscriminada de iniciação na vida, com uma variada complexidade nem sempre desejada pelos educadores. Ela não *corrompe* nem *edifica*, portanto; mas, trazendo livremente em si o que chamamos o bem e o que chamamos o mal, humaniza em sentido profundo, porque faz viver.[12]

Como articular os aparentes opostos: – a subjetividade das leituras espontâneas *versus* a objetividade das leituras obrigatórias de um currículo pautado nos conteúdos predefinidos e na mensurabilidade dos esquemas de avaliação internas e externas; – a autoeducação imaginariamente livre, intensamente promovida pelos meios eletrônicos, *versus* a educação formal, controlada institucionalmente; – a formação prioritariamente metafísica *versus* uma formação pautada na mobilidade veloz das práticas culturais...? Afinal, que cultura privilegiar? Haveria uma cultura comum para o ensino público e privado? E haveria uma para a rede pública como um todo, como tentam estabelecer as propostas curriculares de alguns estados brasileiros? E qual literatura para essa cultura? Ou quiçá, como uma vez perguntou Regina Zilberman:[13] que escola para a literatura?

Desde o início dos anos 1970, quando Antonio Candido proferiu o famoso parágrafo atrás reproduzido, muita coisa mudou nas práticas sociais, principalmente na comunicação, com as novas tecnologias capazes de seduzir a massa de jovens em idade escolar, e interferindo profundamente nas formas de aquisição do conhecimento e nas formas de arte capazes de propiciar fruição. Porém, a escola – a brasileira – mudou pouco, ainda que não faltem novas perspectivas teóricas e pesquisas acadêmicas, divulgadas nas suas revistas – pouquíssimo

---

12 CANDIDO, A. "A Literatura e a formação do homem", originalmente publicada em jul. 1972, na revista da sbpc, depois publicada em *Textos de intervenção*; seleção, apresentação e notas de Vinicius Dantas. São Paulo: Duas Cidades, 2002.

13 Em Palestra no VI Seminário de Metodologia de Ensino de Língua Portuguesa (nov. 2007), evento realizado pela Faculdade de Educação da Universidade de São Paulo.

lidas fora do meio, é verdade – e em documentos oficiais, voltados para os professores do ensino básico (é bem verdade também que às vezes esses documentos facilitam demasiadamente as novas perspectivas teóricas e as tornam improdutivas para abrir as mentalidades e mudar as práticas). Igualmente, encontram-se muitos títulos voltados para a leitura literária e o ensino de literatura nos catálogos das editoras.[14]

Assim, apesar dos esforços dos pesquisadores e da insistência de parâmetros, orientações e propostas curriculares oficiais, infelizmente, o ensino de literatura na escola vai muito mal.

Pesquisas levadas a cabo por nosso grupo[15] e informações provindas dos milhares de relatórios de estágio, bem como de dados originários de pesquisas junto aos cursos de Licenciatura em Letras[16] mostram que a literatura nas práticas de ensino – pelo menos na rede pública brasileira – praticamente desapareceu. Sem ter como "obrigar" os alunos a ler as obras indicadas, os professores na maior parte das vezes optam por outras formas de aferição do conhecimento: trabalhos em grupo ou individuais, invariavelmente compostos por textos baixados da internet, ou por resposta a questões do livro didático.

14 Aproveito aqui levantamento acadêmico (constante em nota de artigo publicado na revista dlcv – Língua, Linguística e Literatura, v. 8, n. 2, 2011, p. 37 (http://periodicos.ufpb.br/ojs2/index.php/dclv/) por Maria Amélia Dalvi e Neide Luzia de Rezende, que elenca alguns títulos voltados para o binômio literatura-ensino: *Educação literária como metáfora social*, de Cyana Leahy-Dios (2000), *Ensino de literatura*, de William Cereja (2006), *Literatura na escola*, de Juracy Assmann Saraiva e Ernani Mugge (2006), *A poesia vai à escola*, de Neusa Sorrenti (2007), *Metodologia do ensino da literatura infantil*, de Marta Morais da Costa (2007), *Literaturas africanas e afro-brasileira na prática pedagógica*, de Iria Maria da Costa Amâncio, Nilma Lino Gomes e Miriam Lúcia dos Santos Jorge (2008), *A formação do leitor literário em casa e na escola*, de Caio Riter (2009), *O professor e a literatura*, de Ligia Cademartori (2009), *Literatura infantil na escola*, de Ana Arguelho de Souza (2010), *A literatura nas séries iniciais*, de Maria Helena Zancan Frantz (2011), e volumes como *A escolarização da leitura literária*, organizado por Aracy Alves Martins Evangelista, Heliana Maria Brina Brandão e Maria Zélia Versiani Machado (2006), *Literatura infantil: múltiplas linguagens na formação de leitores*, de José Nicolau Gregorin Filho (2009) e *Literatura infantil e juvenil na prática docente*, organizado por Georgina Martins, Leonor Werneck dos Santos e Rosa Gens (2010) – isso para ficar em pouquíssimos exemplos.

15 Registrado no Diretório *Lattes* como *Linguagens na educação* e coordenado por mim.

16 Pesquisa realizada no âmbito do Procad – Programa de Cooperação Acadêmica, edital Capes 2008 ("Disciplinas de Licenciatura voltadas para o ensino de Língua Portuguesa").

De algum modo, esse panorama – guardadas as diferenças culturais significativas entre um país e outro – se aproxima daquele do ensino da literatura no universo escolar francês do início de 2000, quando uma verdadeira guerra se instaura: de um lado o *"ensino light"*, de outro o *"cursus* clássico", como resume Jean Verrier (2007): *"É a literatura que se assassina na rue de Grenelle"*.[17] Com as mudanças ocorridas na sociedade francesa, as propostas oficiais buscam adequar-se à nova realidade, mas encontram resistência em diferentes setores. Como diz Verrier: "as mentalidades não evoluem no mesmo ritmo que as reformas institucionais, as leis, os programas e as instruções oficiais que pretendem regê-las". Naquele ano (2000), o confronto foi tão aguerrido que provocou até uma troca de ministro na Educação.[18]

Lá, contudo, as instruções oficiais persistem na inserção de novas práticas de ensino da língua materna e de literatura com colaboração das pesquisas realizadas no âmbito das IUFM – Institut Universitaire de Formation de Maîtres, de cujo quadro de pesquisadores fez parte Annie Rouxel, hoje aposentada. Em artigo aqui traduzido ("O advento dos leitores reais", p. 209), a autora (e coordenadora principal deste livro) comenta como a constatação da falência do texto literário na escola levou à inserção da "leitura cursiva" nos programas escolares.[19]

> Descrita como "forma livre, direta e corrente" da leitura, a leitura cursiva diferencia-se da leitura analítica por seu ritmo rápido e por sua função: "Ela não leva a analisar o detalhe do texto, mas a perceber o sentido no todo".

---

17   "Esse título, digno de um romance policial, ocupou uma página inteira do jornal *Le Monde* de 04/03/2000. É bom saber que o Ministério da Educação está situado na rua de Grenelle em Paris, e que aquele era o momento da preparação dos novos programas de francês para os colégios e liceus da França." (VERRIER, Jean. "Vãs querelas e verdadeiros objetivos do ensino da literatura na França". Trad. Neide Luzia de Rezende. *Educação e Pesquisa*, São Paulo, v. 33, n. 2, p. 207-213, maio/ago. 2007).

18   Cf. PERRONE-MOISÉS, L. "Em defesa da literatura". Caderno Mais da *Folha de S. Paulo*, 18/06/2000, p. 3-4.

19   B. O. (*Bulletin Officiel*) de 12/07/2001 – Programa para o ensino médio geral e técnico – Língua Francesa.

É dessa experiência que basicamente trata este livro nos 11 artigos aqui traduzidos.

Enfrentar o desafio que esses jovens de hoje apresentam para o ensino – sejam os leitores de ficção acostumados à linguagem literária contemporânea, sejam os não-leitores que precisam ser motivados pela escola, ou então os leitores de outros suportes que já não têm familiaridade com o livro impresso – é a grande contribuição que esta obra traz tanto para os professores da educação básica quanto para os professores do ensino superior, responsáveis pela formação dos primeiros.

Desafios de outra ordem enfrentamos na tradução dos artigos que compõem este livro no que se refere aos termos pouco usuais na interface da educação e dos estudos literários em língua portuguesa, os quais procuramos verter de modo a nos manter o mais próximos possível da terminologia empregada pelos autores franceses. Damos aqui três exemplos, talvez os mais recorrentes nos artigos: mantivemos a expressão "leitura cursiva" para *lecture cursive*, definida nos documentos oficiais franceses como "forma livre, direta e corrente" da leitura, em contraposição a uma leitura mais analítica; também o qualificativo para o *lecteur expert* transitou entre os vocábulos portugueses "experto", "experiente", "especializado" ou "proficiente"; usamos "diário de bordo" para *journal de bord* ou *carnet de lecture*. Outros termos não usuais foram incorporados neste livro ao campo semântico da leitura literária e esperamos que traduzam com a maior fidelidade possível o sentido dos originais.

Neide Luzia de Rezende

Apresentação dos coordenadores franceses

Annie Rouxel e Gérard Langlade

As teorias da recepção que se desenvolveram na França a partir dos últimos anos 1970 evidenciaram o papel essencial do leitor na produção do sentido, em termos que remetem a uma abordagem fenomenológica, semiótica ou pragmática da leitura das obras literárias: "O texto só existe pelo ato de constituição de uma consciência que o recebe",[1] escreve Wolfgang Iser, que sublinha a parte igual do autor e do leitor no jogo de imaginação, enquanto Umberto Eco, em *Lector in fabula*, concebe o ato de leitura como "cooperação interpretativa" e "interpretação crítica". Quanto a Hans Robert Jauss, mais perto do leitor real, mesmo quando privilegia a historicidade do leitor, busca definir a noção de horizonte de expectativa e teorizar sobre a obra, considerando-a um conjunto em contínua expansão.

Assim, face aos modelos de análise literária que dão primazia à intenção do autor, ao contexto histórico e cultural ou ao funcionamento textual, a atividade do leitor está hoje reabilitada, promovida e até mesmo consagrada por numerosos teóricos da literatura e da recepção literária. Entretanto, o leitor assim convocado aparece sempre – ainda que em graus diversos – como um leitor virtual, "implícito", ou "modelo", instituído pelas obras, pelas estratégias autorais e as codificações literárias. O interesse é mais pelo leitor enquanto instância textual do que pelas reações e inferências

---

[1]   ISER, W. *L'acte de lécture.* Trad. fr. Bruxelles: Mardaga, 1976, p. 49. Ver também o cap. "La compréhension du texte", p. 197 a 242.

20   Annie Rouxel * Gérard Langlade * Neide Luzia de Rezende

interpretativas dos leitores empíricos, julgados demasiadamente aleatórios, demasiadamente contingentes.

Esse leitor empírico está contudo bem presente nos bastidores das teorias da recepção, com a subjetividade e singularidade de sua maneira de ler. Após as páginas luminosas de Proust sobre a leitura,[2] é impossível não reconhecer que o leitor real está no cerne de toda experiência viva da literatura, de toda apreensão sensível, ética e estética das obras. Os escritores evocam indireta ou difusamente, mas sempre de modo positivo, a incidência, às vezes distante, de suas experiências íntimas de leitura na atividade de escrita, como o fez recentemente Tiphaine Samoyault: "toda escrita transporta com ela uma memória mais ou menos aparente e visível de sua biblioteca pessoal, os traços de uma genealogia que não são indissociáveis do efeito dos textos".[3] Esses sujeitos leitores estão bem presentes nas nossas salas de aula e em nossas classes. Ninguém permanece impunemente exposto muito tempo ao contato de obras literárias; tanto é verdade que toda leitura gera ressonâncias subjetivas, experiências singulares. Não raro, durante uma sessão de análise literária, uma exclamação, uma hesitação, uma súbita concentração, um sorriso, um silêncio, a explosão de uma emoção, manifestam discretamente as reações subjetivas de leitores reais.

Mas esse sujeito leitor parece, ao mesmo tempo, resistir a toda teorização e, quem sabe mesmo, a toda verdadeira domesticação: "toda leitura procede de um sujeito, e ela só é separada desse sujeito por mediações raras e tênues, como a aprendizagem das letras, alguns protocolos retóricos, para além dos quais é o sujeito que se encontra em sua estrutura própria, individual", diz Roland Barthes.[4] Os trabalhos contemporâneos sobre a leitura literária, na via aberta por Michel Picard, ainda que tentem levar em conta esse sujeito leitor, esse leitor enquanto sujeito, não chegam todavia a assumi-lo totalmente, a tal ponto que podemos perguntar, como o fez

---

2   PROUST, M. *Sur la lecture*. ARLES: ACTES SUD, 1988. TAMBÉM NO CAPÍTULO "COMBRAY" de *Du côté de chez Swann* ETC.

3   SAMOYAULT, T. *Littérature et mémoire du présent*. Nantes: Editions Pleins Feux, 2001, p. 22.

4   BARTHES, R. "Sur la lecture". In: *Le bruissement de la langue*. Essais critiques IV. Paris: Seuil, 1984.

Antoine Compagnon, se a leitura real pode constituir um objeto teórico. "A experiência da leitura – escreve em *O demônio da teoria*... – como toda experiência humana, é inapelavelmente uma experiência dupla, ambígua, dilacerada: entre compreender e amar, entre a filologia e a alegoria, entre a liberdade e a obrigação, entre o cuidado com o outro e a preocupação de si. Essa situação causa repulsa aos verdadeiros teóricos da literatura".[5]

Essa tensão entre dados objetivos de um texto e apropriação singular por sujeitos leitores esteve no cerne da problemática do colóquio "Sujeitos leitores e ensino da literatura". As comunicações recolhidas aqui exploram, a partir de pontos de vista variados, tanto científicos quanto didáticos, os espaços de liberdade efetivos de que desfrutam os leitores reais em face das obras que programam e implicitamente codificam o modo como elas pretendem ser lidas. Elas se esforçam por estabelecer, ou simplesmente descrever, como se encontram, se confrontam, os leitores implícitos e os leitores empíricos. Estes últimos se dobram necessariamente às instruções do texto? Quais são as experiências de leitura imprevistas que eles têm o direito de realizar?[6] Como observar o surgimento da subjetividade, como circunscrevê-la? Como determinar seu papel nos processos heurísticos? O que as experiências de leitura subjetivas podem nos ensinar sobre esse leitor empírico? São muitas e difíceis as questões que incidem no ensino da literatura.

É preciso de fato examinar o papel da escola nessa tensão entre os direitos do texto e os direitos do leitor, o que leva a perguntar sobre o lugar, o estatuto e as formas que podem ter as experiências de leitura subjetivas das obras, do maternal à universidade, ao lado da necessária transmissão de conhecimentos sobre a literatura, sua história, seus códigos, seus rituais... Como conciliar, e articular, esses dois aspectos aparentemente antagônicos de uma mesma ambição didática: a liberdade necessária, mas por natureza dificilmente controlável, do leitor empírico, que é mais um leitor aprendiz, e o respeito forçado, mas também necessário, dos códigos hermenêuticos fixados pelas obras singulares da literatura no seu

---

5 COMPAGNON, A. *Le démon de la théorie, littérature et sens commun*. Paris: Seuil, 1998, p. 194.

6 Essas questões retomam aquelas que formula Antoine Compagnon, "Le lecteur". In: *Le démon de la théorie*. Paris: Seuil, 1998.

conjunto enquanto monumento da linguagem? As normas escolares coincidem necessariamente com os direitos do texto ou são de outra ordem? Como preservar e construir a liberdade do leitor na própria consciência dos limites dessa liberdade?

Essas questões científicas e didáticas parecem ter, no contexto atual do ensino da literatura, uma importância bem particular. Levar em conta as experiências subjetivas dos leitores reais – que sejam estes alunos, professores ou escritores – é fundamental para dar sentido a um ensino de literatura que se limita com muita frequência à aquisição de objetos de saber e de competências formais ou modelares.

A constatação de que, no quadro universitário e escolar, o sujeito leitor é deixado entre parênteses não é nova. Em 1986, na *Lecture comme jeu,* Michel Picard já escrevia que "a experiência pedagógica permite constatar que para um bom número de alunos e estudantes, uma recusa temerosa os impede de vislumbrar que um texto possa determinar outra coisa que uma decodificação racionalizante mais ou menos complicada" enquanto que "outros textos, lidos fora do programa, provocam neles emoções sem correspondência com o dito implícito".[7] A reticência dos leitores, alunos, estudantes, professores em exprimir suas emoções, a apreensão formal dos textos à qual eles procedem sem resistência, muitas vezes até com destreza, não são uma fatalidade. A abordagem formalista, às vezes assumida, às vezes estigmatizada em razão das derivações tecnicistas às quais dá lugar, está profundamente encravada na tradição do ensino de literatura. A exclusão do leitor nos estudos literários não é de hoje. Muitos foram os fatores que levaram a abordar os textos literários como objetos analisáveis em si mesmos e para eles mesmos. Ressaltemos, por exemplo, a ambição de alcançar a objetividade por meio de "um conhecimento impessoal verificável" (Gustave Lanson), a importância dada aos "elementos mobilizados que transcendem as obras e são constitutivos do jogo literário, que para encurtar caminho são denominados *formas*: os códigos retóricos, as técnicas narrativas, as estruturas poéticas etc." (Gérard Genette), "o desejo de criar uma ciência literária autônoma a partir das qualidades intrínsecas dos materiais literários" (B.

---

7   PICARD, M. *La lecture comme jeu.* Paris: Les Éditions de Minuit, 1986, p. 96.

Eikenbaum). O modelo atribuído a Lanson – reafirmado pelos diversos formalismos que o sucederam – não está assentado na expulsão da subjetividade e na promoção de análises precisas, rigorosas e fiéis dos textos, ao abrigo das incertezas, caprichos e até dos delírios dos leitores reais?

O formalismo é claramente reivindicado como método de leitura nos programas do fim dos anos 1980 que criam a noção de "leitura metódica", que se fundamenta na "observação objetiva, precisa, nuançada pelas formas ou sistemas de formas", na "análise da organização dessas formas e na percepção de seu dinamismo no interior do texto". Por outro lado, programas e manuais se referem amplamente a uma concepção autorreferenciada da literatura que conduz a uma utilização ao mesmo tempo redutora e sistemática da noção de intertextualidade. A literatura fala prioritariamente da literatura e ler uma obra consiste antes de mais nada em instalá-la numa rede de referências intertextuais. E isso até à refundação da disciplina em torno da noção de discurso que conduz às vezes, independente de seus méritos, a apreender os textos literários como suportes indiferenciados do domínio dos discursos e não como espaços discursivos particulares onde os leitores mantêm relações originais entre o mundo real e a realidade ficcional própria da literatura.

Para escapar dos demônios didáticos do formalismo, é preciso levar mais em conta a dimensão subjetiva da leitura e as realizações efetivas dos sujeitos leitores, alunos, estudantes, professores. A implicação do sujeito dá sentido à prática da leitura, pois ela é, ao mesmo tempo, o signo de apropriação do texto pelo leitor e a condição necessária de um diálogo com o outro, graças à diversidade das recepções de uma mesma obra. Uma tal perspectiva didática – que conduz sem dúvida a um reajustamento ideológico e a uma reconfiguração prática do ensino de literatura – se contrapõe a uma tradição escolar antiga, mas ainda ativa, e a um desconfiança crônica das teorias da literatura diante dos leitores empíricos. Mas quais poderiam ser, hoje, a razão de ser e as perspectivas de um ensino literário que ignorasse os percursos individuais e coletivos de atualização e de apropriação das obras?

Entretanto, mesmo se há um acordo quanto ao fato de que a subjetividade deve hoje ter lugar na escola, a questão desses modos de expressão permanece em aberto. Várias questões fundamentais permanecem em debate, a começar por aquela da complexidade do sujeito leitor: evidentemente se trata de uma identidade "plural", móvel, feita de *eus* diferentes que surgem segundo os momentos do texto, as circunstâncias de leitura e as finalidades que lhe são designadas. Por outro lado, diversos tipos de subjetividade intervêm na leitura de uma obra: uma subjetividade de algum modo legítima, uma vez que esperada e até encorajada pela obra, e uma subjetividade "acidental" que aos olhos de algumas pessoas remeteria a um desvio de sentido, a um desconhecimento da obra. É preciso igualmente se perguntar sobre o espaço de diálogo efetivo entre várias leituras subjetivas de uma obra. Como, na escola, pode ser construída uma apreensão intersubjetiva, uma recepção que mesmo sendo plural não deixa de se referir a uma comunidade interpretativa?

O leitor deste livro vai encontrar uma ampla convergência de pontos de vista sobre a necessidade de levar em conta a subjetividade do leitor no ensino da literatura como também elementos de um debate ainda em curso.

As linhas de força desta obra nascem de dois aspectos, científico e didático, dessa problemática.

O SUJEITO LEITOR, AUTOR DA SINGULARIDADE DA OBRA

Gérard Langlade
(Tradução: Rita Jover-Faleiros)

A exclusão, ou ao menos a marginalização, da subjetividade do leitor é habitualmente apresentada como uma condição de êxito na leitura literária escolar e universitária. Um exemplo, entre outros, tomado de um documento institucional recente:[1] "Para construir uma interpretação, é necessário superar as reações pessoais restritas e parciais, semeadas de erros, confusas em razão do jogo múltiplo das conotações".

Assim, por mais presentes e ativos que sejam, em toda experiência de leitura literária, os distúrbios, as emoções, os devaneios, as associações de ideias ou mesmo vinculações espontâneas, que têm suas raízes na personalidade profunda, na história pessoal, nas recordações literárias ou lembranças de momentos vividos do indivíduo que lê, são considerados elementos parasitas que falseiam, embaçam e emaranham a recepção de uma obra a ponto de lançá-la para fora do campo da literatura.

Com efeito, aceito que esses ecos íntimos que acompanham uma leitura parecem assemelhar-se mais a uma infraleitura. Nos antípodas das grandes categorias gerais, retóricas ou estéticas, que irrigam as construções interpretativas dos leitores ditos "expertos", e que frequentemente surgem sob a forma derrisória e um pouco incômoda de detalhes minúsculos – um odor, uma cor, uma imagem, um ruído, uma emoção etc. – suscitados por um

---

[1] Relatório da Inspection Générale de Lettres, "La mise en oeuvre du programme de français en classe de seconde" [*Implementação do programa de Francês para o primeiro ano de ensino médio*], out. 2003, n. 2003–079, p. 17.

devaneio relacionado a essa longínqua periferia do texto onde o universo da ficção, a banal realidade do mundo e o velado espelho dos fantasmas se confundem. Pierre Dumayet, por exemplo, associa o silvo de serpente ouvido, ainda criança, durante uma adaptação de *La bande mouchetée* em transmissão radiofônica, à leitura de uma frase de Madame Bovary – "a leve fita de seu corpete que silvava em volta de seus quadris como uma serpente deslizante" – observando: "Pergunto-me se cada um de nós, ao ler um livro, não esboça à sua revelia uma adaptação sonorizada?"[2]

O que desejo questionar inicialmente é a teimosa presença, às vezes a incongruente irrupção desses ecos subjetivos que formam o cortejo da leitura de uma obra literária. Longe de serem apenas escórias da atividade leitora, não seriam eles os indícios de uma apropriação do texto, de uma singularização da obra realizada pelo leitor? A marca da leitura nas experiências de mundo específicas dos sujeitos leitores não seria um dos lugares onde as obras continuariam infindavelmente a serem elaboradas ao sabor da diversidade das leituras empíricas? Tais hipóteses conduzem inevitavelmente a questionar a leitura literária do modo como é hoje definida e praticada, principalmente no ensino básico.

A irrupção da subjetividade na atividade leitora

Detenhamo-nos inicialmente nesses verdadeiros marcadores da subjetividade: as reações que aparecem na consciência do leitor no decorrer da leitura. Em *Livre de lectures,* de Marthe Robert, espécie de diário no qual ela expõe "as observações e questões que surgem em seu espírito em relação ao que [ela] lê",[3] notamos simultaneamente a consciência da irrupção da subjetividade na leitura literária e sua estigmatização. Eis, por exemplo, o que observa a respeito de uma de suas reações como leitora de *Madame Bovary:* "Como roupas de verdade, os vestidos de [Emma] Bovary não me inspiram o menor interesse, evidentemente; me surpreendi muitas vezes, entretanto, ao perceber que devaneava sobre os penteados extraordinários inventados

---

2   DUMAYET, P. *Autobiographie d'un lecteur.* Paris: Pauvert, 1977, p. 5.

3   ROBERT, M. *Livre de lectures.* Paris: Éditions Grasset, 1977, p. 5.

Leitura subjetiva e ensino de literatura 27

por ela seja para mudar de visual, seja para ludibriar seu incurável tédio."[4]
Apresso-me em precisar que esse momentâneo abandono a um devaneio quase bovariano por parte de uma leitora cuja exigência intelectual é bastante conhecida é imediatamente reduzido à sua justa proporção: "É verdade que todo leitor tem seus momentos de trivialidade, como todo autor tem seus momentos de permissividade". Esse instante de abandono trivial, em seguida, é severamente fustigado: "Não consigo compreender por que, para mim, os penteados de Madame Bovary ficam fora da literatura." Dentre essas considerações, destaco:

– primeiramente a incompreensão de Marthe Robert – "não consigo compreender por quê" – como se a reação subjetiva fosse, por natureza, impossível de ser analisada, constituindo-se em uma espécie de ponto cego da leitura;

– a seguir a exclusão "fora da literatura" daquilo que não é interpretável enquanto construção estética;

– mas principalmente o fato de que, apesar de todas essas prevenções, Marthe Robert exponha essas reações de leitora. Para que mencionar um efeito de leitura tão modesto e a respeito do qual tão pouco pode ser feito?

A questão merece atenção sobretudo porque essa reação não é um momento isolado da obra. A trivialidade das reações de leitura muitas vezes serve como critério de avaliação da qualidade literária das obras. Porém, a marginalização dos "livros ruins" – que "comovem, diz ela, [...] por meio de objetos brutos que representam coisas tangíveis e consumíveis" – não chega a explicar a natureza da atração que exercem. Assim, a respeito da literatura policial:

> Não compreendo o prazer que me causa um herói de "*série Noire*"[5] sentado diante de um formidável café da manhã, depois de uma noite de devassidão ou de homicídios. O fato é, no entanto, que essa omelete de doze ovos, essa montanha de crepes da qual escorre xarope de bordo e a xícara de café preto fumegante, muito longe de chegar perto da

---

4   *Ibidem*, p. 59.
5   Famosa coleção francesa de livros policiais (N.T.).

literatura e que em minha vida própria provocariam náusea, aqui me parecem extremamente tentadores.

Três observações uma vez mais se impõem:

– encontramos, além da incompreensão, a exclusão altiva e um tanto depreciativa, fora da literatura, não somente de sua própria reação de leitora, mas também do próprio texto – "que a literatura nem de longe chega a tocar";

– por outro lado, se expressa aqui uma emoção sensual, seja explicitamente – "o prazer que me causa", "extremamente tentadores" –, seja estilisticamente por meio da evocação apetitosa do café da manhã gargantuesco e do assassino devasso;

– finalmente, o estatuto dessa evocação que não remeteria nem à literatura nem à realidade – "que a literatura nem de longe chega a tocar", "que em minha vida própria provocariam náusea" – decorre estritamente da ordem do fantasmático? O prazer sentido, confesso, seria devido a uma ativação fantasmática cuja eficácia, como foi demonstrado por Freud, estaria garantida pela densidade do mistério de sua origem? Incompreensão, prazer e denegação seriam assim os indícios do diálogo interfantasmático que Marthe Robert entretém com a literatura policial.

Ela prolonga a pudica confissão do fascínio exercido pelas omeletes da "série Noire", por meio de um breve parágrafo (porém, em destaque pelo uso de dois asteriscos), cujo conteúdo me parece dos mais surpreendentes: "Paradoxalmente, mas não isento de lógica do meu ponto de vista, estaria inclinada a crer que aquilo que me agrada nesse café da manhã da 'série Noire', tão francamente desprovido de ambições literárias, é precisamente aquilo que sempre me desagradou na *madeleine* de Proust." Essa observação nos põe frente a novas e interessantes questões:

– para começar, devido às suas reações gosto/desgosto – "o que me agrada", "o que me desagrada" –, a leitora coloca a não-literatura e a literatura no mesmo plano: a "série Noire" e *Em busca do tempo perdido*;

– essa aproximação, ainda que aparentemente paradoxal, que remete à leitura de uma página central da obra de Proust, parece haver sido feita em nome de uma forma de racionalidade subjetiva enigmática – "não isento de lógica do meu ponto de vista". Qual é, pois, essa lógica de focalização interna? Por que não é explicitada? Por que não se constitui em perspectiva de comentário? Está relacionada unicamente à esfera da vida privada, e por reserva, por pudor, Marthe Robert não a desenvolve? Mas então, para que a evocação, mesmo que de modo alusivo?

Estamos diante de um paradoxo: Marthe Robert ao mesmo tempo parece reconhecer a importância de uma reação subjetiva de leitora em sua aproximação de Proust – e do lugar da *madeleine* nessa aproximação – e ocultar essa reação na objetivação de sua leitura de experta de *Em busca do tempo perdido*. A reação subjetiva não seria de interesse de um tipo de "paradigma interno",[6] segundo a expressão de Pierre Bayard, cuja pertinência analítica é aqui negada, mas que talvez nem por isso atue menos, secretamente, durante a leitura, por meio da atenção dirigida para certos motivos, palavras, temas, figuras...? A lógica do sujeito leitor, mencionada por Marthe Robert, estaria assim na origem de uma seleção singular de materiais textuais da obra que participa da construção do texto propriamente dito, isto é, do texto do leitor. "O trabalho de seleção [é exercido] sobre unidades textuais, em que o leitor investe, sobretudo pelo pensamento e pelo devaneio", observa Pierre Bayard.[7] É o que também mostra Patrick Demougin ao analisar o que é sublinhado por uma leitora – Nancy – em uma edição do tomo XII de *Hommes de bonne volonté, Mission à Rome*.[8]

Os sujeitos leitores na obra

As reações de Marthe Robert, com efeito, lançam luz a uma das figuras do sujeito leitor em ação na leitura literária. Elas remetem àquilo que nomearei, na falta de expressão melhor, o leitor "subjetivo". Um leitor construído pelas experiências de leitura fundadoras – eu ousaria dizer

---

6   BAYARD, P. *Enquête sur Hamlet – Le dialogue de sourds*. Paris: Les Éditions de Minuit, 2002, p. 95.

7   *Ibidem*, p. 46.

8   DEMOUGIN, P. "Le lecteur et sa parole: traces écrites d'une parole recomposée dans l'acte de lecture". In: LANGLADE, G; ROUXEL, A. *Le sujet lecteur. Lecture subjective et enseignement de la littérature*. Rennes: PUR, 2004, p. 117-128.

"arcaicas"? – leituras da infância que permanecem ativas na leitura que dizemos privada ("a criança que lê em nós" de que fala Picard),[9] leituras extremamente solidárias com o diálogo interfantasmático instaurado nas obras, leituras de intenso investimento afetivo que são testemunho de gostos heteróclitos quando, conforme Walter Benjamin, nós "desencaixotamos [nossa] biblioteca",[10] leituras que levam as marcas do desenvolvimento de uma personalidade, dos encontros da vida... A semelhança entre o léxico utilizado para falar dessas obras pessoais e o vocabulário amoroso é perturbador: encontro, encantamento súbito, paixão etc. São elementos que ganham sentido em uma autobiografia do leitor, à maneira de P. Dumayet.

Ao lado, ou melhor, frente ao leitor arcaico, ergue-se a figura autorizada e bem conhecida do leitor experto, amador esclarecido, professor de letras, profissional da literatura. Esse leitor "conceitual" formado em estudos literários conhece as teorias da literatura, beneficia-se de uma perspectiva histórica e de um conhecimento aprofundado, embora às vezes indireto, das obras literárias maiores. Ele se refere a uma concepção mais anônima da literatura onde os saberes – históricos, culturais, estilísticos etc. – ocupam o primeiro plano. Está claro que esse leitor é o único a possuir toda a legitimidade para o ensino da literatura. Vem daí, sem dúvida, a reserva de Marthe Robert em desvelar em si própria uma leitora mais íntima.

No entanto, a separação entre o leitor subjetivo e o leitor experto não são tão estanques quanto poderíamos supor, como já mostrou a proximidade entre a *madeleine* de Proust e as omeletes da "série Noire". Pierre Bayard observa de modo muito acertado, seguindo Freud, que "todas as razões mais ou menos objetivas que nós poderíamos ser levados a fazer valer para justificar nossa apreciação – como a qualidade estética de tal traço formal – têm sobretudo uma função de mecanismo de defesa, com o objetivo de dissimular que somos sensíveis, em uma obra, primeiramente àquilo que nela nos diz respeito".[11] As reações subjetivas, ao invés de excluir as obras

---

9   PICARD, M. *La lecture comme jeu*. Paris: Les Éditions de Minuit, 1986.

10 "Je déballe ma bibliothèque – Um discours sur l'art de collectionner". In: *Je déballe ma bibliothèque*. Paris: Rivage Poche, 2000.

11 BAYARD, P. *Qui a tué Roger Ackroyd?* Paris: Les Éditions de Minuit, 1998, p. 112.

Leitura subjetiva e ensino de literatura   31

para "fora da literatura", seriam na verdade catalisadoras de leitura que alimentariam o trajeto interpretativo até a sua dimensão reflexiva.

A importância central do investimento subjetivo na leitura transparece claramente quando, como Michel de Certeau, nos atemos a descrever "a atividade leitora". Em um conhecido texto, porém cujo alcance teórico e perspectivas didáticas foram talvez subestimados, Michel de Certeau evoca a leitura sob:

> [...] os traços de uma produção silenciosa: deriva através da página, metamorfose do texto pelo olho vagueante, improvisação e expectativa de significações induzidas por algumas palavras, sobreposições de espaços escritos, dança efêmera [...] O leitor insinua as astúcias do prazer e de uma reapropriação no texto do outro: é seu campo de caça furtiva, para ali é levado, ali se faz plural [...]. Astúcia, metáforas, combinatória, essa produção é também uma "invenção" de memória. [...] a fina película da escrita torna-se um agitar de estratos, um jogo de espaços. Um mundo diferente (o do leitor) se introduz no lugar do autor.[12]

É tarefa fácil encontrar aqui termos que fazem eco e dão todo sentido, todo seu alcance, às reações de Marthe Robert: ponto de vista subjetivo, produção silenciosa, significação induzida, astúcia do prazer, invenção de memória...

É dizer que o texto vive de suas ressonâncias com as lembranças, as imagens mentais, as representações íntimas de si, dos outros, do mundo do leitor. Podemos fazer a aproximação desses "estratos", que aos olhos de Michel de Certeau animam a leitura de uma obra, do intertexto do leitor, do qual Barthes fala em *O prazer do texto*. As lembranças de sua leitura de Proust ressoam subjetivamente em outras leituras: "Lendo um texto mencionado por Stendhal (mas que não é dele), lá encontro Proust graças a um minúsculo detalhe".[13] Trata-se de uma "série de apóstrofes preciosas". Um pouco mais longe ele nota: "Em outro lugar, porém do mesmo modo, em Flaubert, são as macieiras em flor da Normandia que leio a

---

12   DE CERTEAU, M. *l'invention du quotidien. I. Arts de faire*. Paris: Folio Essais, 1990, p. xlix.

13   BARTHES, R. *Le plaisir du texte*. Paris: Seuil, 1973, p. 58.

partir de Proust". O que o leva a concluir: "Proust é o que me advém, não é aquilo que invoco, não é uma 'autoridade'; simplesmente uma *recordação circular*".[14] Aqui, as recordações pessoais e as recordações literárias têm o mesmo estatuto, elas remetem a uma personalidade que lê. Como observa Claude Reichler, "a interpretação inscreve os processos representacionais na situação, nos afetos e nas intenções de um sujeito [singular]".[15]

A distância crítica que o leitor profissional adota não constitui o único modo de leitura do leitor letrado, mas sim uma espécie de caso particular: "quando, ao adotar uma atitude reflexiva, passo a me ocupar da qualidade estética que caracteriza esse objeto de fruição que uma obra literária é".[16] Nessa leitura crítica, o leitor está principalmente atento aos elementos relacionados a uma literariedade construída por meio do conhecimento de códigos específicos da literatura (gênero, intertextualidade etc.). Porém, em uma atitude de leitura "normal" – quando leio "um livro em minha poltrona para meu prazer" –, minha atenção não está focalizada exclusivamente nesses traços estéticos, nesses índices da referência literária, o que não significa que sejam ignorados por mim, que os apague artificialmente de meu espírito; estão, entretanto, associados a outros elementos que remetem a minha personalidade global: meus conhecimentos literários e minhas leituras anteriores, sem dúvida, mas também minha experiência de mundo, minhas recordações pessoais, minha história própria. Não estarei agindo como sujeito literário, mas simplesmente como sujeito.

> Mergulhado no "infratexto" comum de minha experiência de mundo e dos seres, libero, recomponho, componho novamente – um pouco como se faz aquilo que em música é tão adequadamente denominado interpretação – no final das contas, constituo com e naquilo que chamam uma obra literária esse *trajeto de leitura* que somente ele, talvez, mereceria ser chamado de texto e que é tecido pela combinação

---

14   *Ibidem,* p. 59.

15   REICHLER, C. "La littérature comme interprétation symbolique". In: REICHLER, C. (dir.) *L'interprétation des textes.* Paris: Les Éditions de Minuit, 1989, p. 98.

16   BELLEMIN-NOËL, J. *Plaisirs de vampires.* Paris: Presses Universitaires de France, 2001, p. 19-20.

Leitura subjetiva e ensino de literatura   33

flutuante dos elos de minha vida com a trama dos enunciados combinados uma vez por todas pelo autor.[17]

Esse sujeito leitor não é uma vertente recalcada do leitor experto que, resistindo a qualquer teorização, talvez mesmo a toda verdadeira domesticação, abala os quadros retóricos e conceituais da leitura: "toda leitura provém de um sujeito, ela só está separada desse sujeito por mediações raras e tênues, pelo aprendizado das letras, alguns protocolos retóricos, para além dos quais é o sujeito que rapidamente se encontra em sua estrutura própria, individual", sublinha Roland Barthes.[18]

O texto "singular" do leitor

Assim, toda obra literária engendra uma multiplicidade de obras originais produzidas pelas experiências, sempre únicas, dos leitores empíricos. Essa importância central outorgada à participação do leitor na elaboração de um texto singular leva a questionar a noção de texto literário.

Umberto Eco, entre outros, mostrou bem o caráter incompleto, lacunar do texto literário, que aparece como um "tecido de espaços brancos, de interstícios a serem preenchidos". Porém, a seus olhos, não é por isso que deixa de conter em si as instruções que canalizam as inferências interpretativas do leitor empírico; com efeito, "um texto quer deixar ao leitor a iniciativa interpretativa", mas "em geral ele (o texto) deseja ser interpretado com uma margem suficiente de unicidade".[19] O leitor está, pois, em liberdade vigiada.

Sem nos opormos frontalmente a essa teoria do texto, conviria talvez dar à intervenção subjetiva do leitor mais espaço do que aquele concedido por, entre outros, Michel Riffaterre e Umberto Eco. Estes definem o leitor enquanto entidade semiótica pertencente ao projeto generativo da obra. A comunicação literária nesse caso aparece como "um jogo, ou melhor, uma

---

17 *Ibidem*, p. 21.

18 BARTHES, R. "Sur la lecture". In: *Le bruissement de la langue*. Essais critiques IV. Paris: Seuil, 1984.

19 ECO, U. *Lector in fabula*. Paris: Éditions Grasset, 1985, p. 66-67.

ginástica, uma vez que ele é um jogo conduzido, programado pelo texto",[20] "o texto literário é [com efeito] construído de modo a controlar sua própria decodificação".[21] A porção lúdica dessa cooperação entre o autor e o leitor pressupõe o domínio e respeito das regras e o consentimento ativo dos jogadores. Estamos pensando evidentemente em Michel Picard. Aqui estamos bem longe da leitura enquanto terreno de caça de Michel de Certeau. Pois é preciso dar todo o seu sentido e toda sua força à metáfora do campo da "caça furtiva" literária: a "caça furtiva" é precisamente não respeitar as regras da caça aristocrática, da caça que se exibe em plena luz do dia em um gênero de espetáculo mundano e gratuito, a "caça furtiva" significa se apoderar secretamente da presa textual, frequentemente em meio a trevas, com o concurso de armadilhas ou procedimentos pouco regrados e por razões menos desinteressadas que as do caçador modelo, ou seja, para consumo próprio, seu prazer ou a revenda clandestina. A "caça furtiva" é ocupação de um sujeito leitor transgressor, enquanto a caça remete mais a um leitor que respeita um ritual, um protocolo, uma codificação.

Assim, se hoje todos estão de acordo em dizer que o texto literário só pode verdadeiramente existir quando é "produzido" por um leitor, é necessário distinguir claramente duas teorias da realização do texto pela leitura. De um lado, aqueles que pretendem que todos os leitores – talvez fosse conveniente dizer todos os verdadeiros leitores, isto é, aqueles que têm os meios de respeitar adequadamente as regras – se encontrarão, *grosso modo*, em um espaço interpretativo da obra objetivável graças à evidenciação das injunções do texto; de outro, aqueles que, como Pierre Bayard, consideram a obra literária como, por essência, "móvel", estimando que cada leitor produz um texto singular. Vem daí que a confrontação das interpretações só pode ser um diálogo de surdos. Pierre Bayard distingue "o texto geral publicado pelo editor, cuja versão comparável está nas mãos de todos, e o texto singular com o qual se confronta cada intervenção pessoal, a qual com o jogo de seus rearranjos mais o descobre do que o constitui".[22] O texto

---

20   RIFATERRE, M. *La production du texte*. Paris: Seuil, 1979, p. 10.

21   *Ibidem*, p. 11.

22   BAYARD, P. *Enquête sur Hamlet – Le dialogue de sourds*. Paris: Les Éditions de Minuit, 2002.

geral não existe fora da multiplicidade dos textos singulares que engendra.

Consequentemente, todo texto singular elaborado por um leitor, quaisquer que sejam suas lacunas e insuficiências relativas, qualquer que seja sua porção de delírio, constitui um estado do texto digno de ser apreciado enquanto produção de leitura literária.

Se admitirmos que uma obra literária se caracteriza por seu inacabamento, somos levados a pensar que ela só pode realmente existir quando o leitor lhe empresta elementos de seu universo pessoal: elementos de cenário, paisagens, traços físicos e de caráter dos personagens etc. Portanto, ele produz "atividades de complemento" ao imaginar um antes, um depois e um durante no desenvolvimento da intriga. Pierre Bayard mostra que esse trabalho de acabamento e de singularização é especialmente aparente para as personagens. A partir de minúsculos detalhes, regiões inteiras da vida de um personagem podem ser "completadas". Essa participação de cada leitor no acabamento da obra constitui "o próprio movimento de nossa adesão viva à obra, aquilo que nos faz habitantes dela".[23]

É graças a essa "adesão viva", em que se expressam tanto o conhecimento de mundo quanto a cultura literária do leitor, que se configuram diversas coerências textuais. O leitor, por exemplo, dá sentido ao comportamento e à ação das personagens a partir de "teorias" psicológicas tomadas da experiência que adquiriu, seja diretamente, seja por meio de saberes construídos. Em seu *Livre de lectures,* Marthe Robert cita as observações de uma velha camponesa a quem Pierre Dumayet deu *Madame Bovary* para ler num programa de televisão comentado por Jean Verrier.[24] A leitora "simpatiza com Emma, que ao final das contas inspira mais lástima que reprovação. Emma é jovem e bela, Charles é estúpido e maçante, Léon é um belo rapaz gentil, além do mais, Emma só pode cair em seus braços, é natural, até mesmo fatal". Aqui se vê bem como a velha camponesa explica o comportamento de Emma servindo-se de um conhecimento dos mecanismos "naturais" das intrigas amorosas, adquiridos graças a sua experiência de vida. Quando são

---

23   *Ibidem,* p. 54.

24   ROUXEL, A; LANGLADE, G. *Le sujet lecteur,* 2004. "Madame Bovary na série 'Ler é viver' de Pierre Dumayet: uma leitura comum? Televisual? Literária?"

colocados juntos uma jovem e bela mulher que se sente mal amada e um jovem sedutor, é "fatal" que uma intriga se forme...

No cerne da implicação na obra, o leitor estabelece, portanto, uma distância crítica com ela, mesmo que essa distância crítica não se queira uma análise formal do texto. É nessa mesma distância interna à leitura que se inscreve o julgamento moral que o leitor faz a respeito da ação das personagens. A distância não é aqui senão o revelador da implicação. O discurso do leitor inscreve em uma teoria ou uma moral as reações subjetivas que experimentou no decorrer da leitura: fascinação, rejeição, perturbação, sedução, hostilidade, desejo etc. As reações dos alunos, como as de todo leitor, a respeito de obras que os tocam são significativas dessa implicação, basta ouvi-los. Nessa distância participativa feita de vislumbres psicológicos, de julgamentos morais, de sedução ou de repulsão etc., leem-se e ligam-se a obra e o sujeito leitor. Pierre Dumayet evoca, em uma anedota, esta ancoragem da leitura na imagística interior daquele que lê: "Um jovem americano negro, que escrevia uma tese sobre Stendhal, disse-me de modo sério: Madame de Rênal é branca, Julien Sorel é negro". Evidentemente, esse doutorando sabia muito bem que Julien Sorel era branco, porém quando da leitura de *O vermelho e o negro* para si, para seu prazer, Julien era um negro".[25]

A questão é saber, bem entendido, se com tal leitura não se sai simplesmente da literatura, se ao levar em conta a participação do leitor não estaremos alimentando uma confusão ingênua entre a ficção literária e a realidade vivida ou permeada pelos fantasmas. Para Marthe Robert, como seria de se temer, não há sombra de dúvida; ao falar da camponesa crítica literária, não hesita em proferir: "onde está Flaubert, onde está a literatura em tudo isso? Em lugar nenhum, é claro".[26] Sim, sob o efeito de sua recepção da obra, o leitor empresta às personagens uma identidade mundana, uma vida fora do texto etc. Porém, ao mesmo tempo, o leitor guarda a consciência da natureza virtual dessa existência, da "realidade fictícia" (Picard) das personagens e das aventuras que vivem. É precisamente a distância tranquilizante da ficção que permite essa perturbadora confusão com o real.

---

25   DUMAYET, P. *Autobiographie d'un lecteur*. Paris: Pauvert, 2000, p. 196.

26   ROBERT, M. *Livre de lectures*. Paris: Éditions Grasset, 1977, p. 94.

Conclusão

Ao abordar a leitura literária por meio de um catálogo de objetos heteróclitos – os penteados de Emma, uma omelete de doze ovos, uma *madeleine*, macieiras em flor, uma serpente deslizante etc. –, ao conceder maior apreço aos produtos aparentemente derrisórios do ressoar subjetivo das obras, ao fazer apologia da caça furtiva literária, ao convocar para a análise de grandes textos a psicologia rudimentar de uma camponesa da Borgonha, e ao conceber, segundo Pierre Bayard, a leitura literária como elaboração de um texto diferente para cada leitor, corro o risco de passar, apesar do prestígio dos autores mobilizados em minha exposição, por um mero provocador.

No entanto, considerar a implicação do sujeito leitor como uma necessidade funcional da leitura literária – o que procuro fazer aqui – só pode nos levar a considerar os elementos de subjetividade produzidos pela atividade leitora por mais estranhos ou desorientadores que possam parecer à primeira vista. É também necessário admitir que as coerências interpretativas mais próximas do leitor assentam em boa parte em uma forma de "secularização" da obra – uma apreensão da obra como se ela remetesse ao mundo real –, pois utilizam as mesmas categorias morais, culturais, analíticas, metafísicas que o leitor utiliza habitualmente em sua percepção do mundo. De meu ponto de vista, essa leitura participativa, longe de ser "ingênua" e de diluir a obra em vagas referências ao vivido, está no fundamento mesmo da leitura literária. Ela realiza, com efeito, a indispensável apropriação de uma obra por seu leitor com um movimento duplo de implicação e de distância, em que o investimento emocional, psicológico, moral e estético inscrevem a obra como uma experiência singular.

Levar em conta os modos originais com que os sujeitos leitores habitam as obras permite, notadamente na perspectiva do ensino da leitura literária, a interrogação não de textos gerais, abstratos e de fato inexistentes, mas de estados singulares de realizações textuais autênticas. Mais que a literatura, seus códigos, sua história, não deveríamos atentar prioritariamente para essa atividade leitora? Se pensamos com J. Bellemin-Noël que "a literatura não existe, [mas que] só existem livros lidos,[27] já não seria hora de acolher, até mesmo encorajar, as leituras reais dos alunos, isto é, leituras marcadas por "reações pessoais, restritas e parciais, maculadas de erros e confundidas pelo jogo múltiplo das conotações"?

---

27 BELLEMIN-NOËL, J. *Plaisirs de vampires*. Paris: Presses Universitaires de France, 2001.

TRÊS PERSONAGENS EM BUSCA
DE LEITORES: UMA FÁBULA

Bertrand Gervais
(Tradução: Arlete Cipolini)

Reine, reine, gueux éveille.
Gomme à gaine, en horreur, taie.

Luis D'antin van Rooten

O que se sabe sobre o leitor, este sujeito que se engaja na leitura de um texto? O que ele olha? O que procura? Está na escuta de quê? Para Pascal Quignard, "O leitor é como um animal que fica na borda de um lago mais antigo que o da voz humana".[1] Ou seja, quem se engaja no cerne da linguagem, entre o sujeito e suas palavras, escapa às vezes ao inteligível, àquilo que se diz justamente com palavras. Nossas falas só conseguem designar a parte pertinente à subjetividade, aquela que dissemina traços e indícios, e que se deixa facilmente capturar, a fim de permitir à parte essencial se esconder atrás das trincheiras do pensamento. Mas é a única parte à qual temos direito, a única sobre a qual podemos nos deter para tentar compreender o que somos.

A literatura – é um truísmo – se desenvolve no cruzamento da escrita e da leitura. Ela aparece, de fato, no lugar da retomada. Ler é assegurar um revezamento, cuja escrita é a forma mais fácil de identificar. Escrever é ler ou haver lido, é perseguir uma relação e lhe dar um novo impulso. Se, como dizem, não há uma primeira leitura, porque estamos sempre lendo,

---

[1]   QUIGNARD, P. *Abimes*. Paris: Éditions Grasset, 2002, p. 7.

não há tampouco uma primeira escrita, uma escrita que seja a origem, tão radical e densa como o *Big Bang*. As origens nada mais são, segundo as concepções cíclicas do mundo, do que o movimento de retomada de um processo de fim. A escrita é uma transmissão que garante o revezamento entre o que acabou de terminar e o que está pronto para começar: entre uma escrita passada e outra futura, entre um escrito e um escrever, na junção dos quais se desenvolve a leitura. Esse revezamento é, antes de tudo, feito de isolamento. A leitura e a escrita se praticam necessariamente a distância. Não são atos de comunicação que implicam interlocução e relação, mas processos complexos que compõem um trabalho de apropriação. É fazer seu o que outros escreveram e fazer reconhecer como seu o que o outro pensa e quer dizer. Esse trabalho se opõe à comunicação, isto é, se produz mais na esfera do privado que do público, no lugar opaco que é a subjetividade na obra. Como então, para entrar no âmago do sujeito, representar a parte de subjetividade implicada pela leitura e pela escrita? Como descrever o que se dá necessariamente como evanescente, fluido, indescritível?

Para responder, proponho uma fábula. Uma narrativa onde se relacionam três personagens, um vagante, um escriba e um intérprete. São personagens conceituais, funções transformadas em figuras, definidas de forma a dar conta das funções essenciais da obra no processo de leitura e escrita. Permitem assim descrever, para o vagante, o trabalho de imaginação necessário a todo pensamento e a toda leitura. Para o escriba, é a relação singular que se abre entre o texto e o leitor, que é uma atualização de signos, faz existir o texto e transforma o possível em um verdadeiro material. Finalmente, para o intérprete, trata-se do trabalho de elaboração de significações complexas, efetuado a partir desse material. A seguir descrevo suas interações, assim como sua interdependência. Darei um curto exemplo que permite apanhar a parte essencial do vagante na leitura, parte sempre negligenciada.

O isolamento

Antes de descrever essas personagens, eu gostaria de retomar a questão do direcionamento: para quem escrevemos, para quem lemos? A resposta – não surpreende ninguém – é dupla: para si e para o outro. A leitura faz parte do processo de socialização, é por meio dela que aprendemos a dominar as formas complexas da linguagem e seus jogos. Ela é ensinada e praticada em classe, onde se pedem exercícios, se avaliam os resultados e se espera que a lição renda frutos. Mas, uma vez a aprendizagem concluída, uma vez a leitura liberada de suas amarras, ela se torna o que se supõe ser, o que nós mesmos queremos que ela seja: uma atividade solitária, feita primeiro e antes de tudo para si. Vejamos as consequências de tal asserção.

A leitura e a escrita são formas de isolamento, mas de um isolamento salutar. Quando eu leio e quando escrevo não quero que o outro esteja lá, mesmo enquanto interlocutor imaginário. O texto que leio ou escrevo me basta, ele tem sua própria realidade, suas próprias modalidades de existência. Quando leio, não tenho um autor na cabeça, alguém que se dirige a mim, não me relaciono com ninguém, da mesma forma que tampouco tenho um leitor na cabeça quando escrevo, não vislumbro ninguém.

Não leio ou escrevo para alguém, exceto para mim mesmo. E, ainda, procuro não pensar em mim, tento o máximo possível estar dentro da atividade, imerso na relação com as palavras e as frases que são o cerne da experiência da linguagem. Mas jamais posso esquecer totalmente de mim, pois, como afirma Michel Picard, mesmo profundamente engajado na ilusão literária, tenho consciência do que estou fazendo. Apesar do caráter hipnótico da situação, eu continuo a ver minhas mãos manipularem as páginas, sinto o peso do livro nos meus dedos, o cheiro do papel, da cola, da tinta, toco a capa de papelão ou plástico, viro suas folhas mais ou menos grossas etc.[2] Faço tudo isso, evidentemente, com a desatenção e distração essenciais a todos esses gestos, que se apagam em proveito das funções às quais eles dão acesso.

Como as pessoas que amam ler, sinto necessidade de me retirar do mundo e de representar o recluso. O texto atende perfeitamente a essa

---

2 PICARD, M. *La lecture comme jeu*. Paris: Les Éditions de Minuit, 1986, p. 113.

necessidade, a escrita e a leitura requerem ausência do outro, isolamento. O termo é bem escolhido – isolar-se não é estar só, pois o outro não desaparece totalmente, fica lá, em segundo plano, distante, embora sempre presente, quem sabe porque o próprio texto assinala sua presença.

Estar só, no limite, é não mais praticar a linguagem, é colocar-se no lugar onde a palavra não é mais útil. Onde a língua acaba por se tornar letra morta. Isolar-se é rechaçar o outro temporariamente para fora de seu mundo, é manter-se a distância, afastar-se da sociedade dos homens. É guardar, apesar de tudo, a palavra em vida. Não mais ouvi-la, mas sim deixar que ela ressoe ainda, como o movimento de um barco. É eliminar os sons, mas conservar seus traços em si e se servir deles para jogos imaginativos. Construímos quadros com imagens acústicas, trabalhando com significantes que atestam sua presença. Ferdinand de Saussure compreendeu isso muito bem: o signo não é um barulho, um som produzido intencionalmente que se imiscui no labirinto do ouvido interno, mas sim a imagem que se faz desse som, um som interiorizado, incorporado, homogeneizado. A leitura e a escrita são isolamento, uma quarentena voluntária, onde não me entretenho com ninguém, mas onde entretenho todos os pensamentos e atos que só existem porque a fala lhes deu vida, peso.

Paul Ricoeur sublinhou, repetidamente, a distância irredutível que separa o leitor do autor. Estamos a sós na leitura como estamos a sós na escrita: a relação escrever-ler não é um caso particular da relação falar-responder. Não é uma relação de interlocução: não é um caso de diálogo. Não basta dizer que a leitura é um diálogo com o autor através de sua obra; a ligação do leitor com o livro é de outra natureza, o diálogo é um intercâmbio de questões e de respostas, não há intercâmbio desse tipo entre escritor e leitor; o escritor não responde ao leitor, o livro separa, de vez, em duas vertentes que não se comunicam, o ato de escrever e o ato de ler. O leitor está ausente na escrita, o escritor está ausente na leitura. O texto produz assim uma dupla ocultação: do leitor e do escritor.[3]

A literatura, portanto, aparece como dupla ocultação. Como um truque de magia que faz desaparecer as intenções e os seres, para deixar

---

3   RICOEUR, P. "Qu'est-ce qu'un texte?" In: *Du texte à l'action*. Paris: Seuil, 1986, p. 139.

Leitura subjetiva e ensino de literatura 43

no palco vazio do texto apenas traços, minúsculas marcas, letras impressas, que descobrimos ou inscrevemos furtivamente e que nos abalam emocionalmente.

O revezamento

O vagante, o escriba e o intérprete ilustram, de imediato, essa relação essencialmente privada e singular que se abre no contato com o texto. Tais figuras são personagens conceituais, conforme Gilles Deleuze e Félix Guattari em *Qu'est-ce que la philosophie?*,[4] ou seja, personagens teóricos cuja tarefa não é representar percepções e afetos, mas ideias e conceitos. São funções transformadas em figuras, objetos de pensamento, que consequentemente servem de interpretação.[5]

Esses três personagens são intimamente ligados, como irmãos siameses, inseparáveis, mas em confronto uns com os outros. Sua definição permite responder a um conjunto de questões sobre a imaginação e a interpretação, sobre a parte da subjetividade requisitada em toda prática, sobre os diversos aspectos do trabalho implicados na nossa relação com os textos.

Outros personagens conceituais já foram propostos pela teoria literária a fim de dar conta, entre outros, dos processos de leitura. Podemos pensar na tríade de Michel Picard, constituída do *ledor* [*liseur*], do *lido* [*lu*] e do *leitante* [*lectant*]. Para Picard, também, todo leitor é triplo,[6] e os três personagens iluminam as formas de investimento do sujeito na leitura, indo da atenção aos gestos requeridos para assegurar a manipulação do texto e do abandono de si às emoções suscitadas até às formas da reflexão e da

---

4   O personagem conceitual é uma figura de um tipo particular. Como dizem os autores, "a diferença entre os personagens conceituais e as figuras estéticas consiste primeiro no seguinte: uns são potências de conceitos, outros, potências de afetos e percepções [...]. A arte e a filosofia recortam o caos e o enfrentam, mas não é o mesmo plano de corte, não é a mesma maneira de povoá-lo; aqui, constelações de universos ou afetos ou percepções, lá, complexos de imanência ou conceitos". (Paris: Les Éditions de Minuit, 1991, p. 54).

5   O quadro teórico do desenvolvimento é a semiótica de C. S. Peirce. Reencontramos todos os traços ao longo do texto. Explorei os três personagens conceituais a primeira vez no capítulo IV de *Lecture littéraire*, intitulado "Le texte, le lecteur et le musement" (Montréal: XYZ editores, 1998, p. 105-146).

6   PICARD, M. *La lecture comme jeu. Op. cit.*, p. 213.

mobilização crítica de um saber.[7] Por sua vez, Vincent Jouve propôs uma tríade constituída do *leitante* [*lectant*], do lendo [*lisand*] e do lido [*lu*], instâncias que identificam também os modos de investimento e as distâncias adotadas face ao texto.[8]

A tríade vagante, escriba e intérprete desenvolvida aqui representa um papel idêntico, o de explicitar as inter-relações e as interdependências em jogo em toda situação de leitura e escrita. Mas suas bases não são uma teoria do jogo e dos efeitos literários, tampouco uma concepção psicanalítica do sujeito, trata-se sim de uma teoria dos processos semióticos, uma concepção da semiose como fundamento de nossas práticas textuais e literárias.

Três personagens, portanto. O primeiro é o vagante, ou ainda o *flâneur*, ou seja, aquele que perambula olhando para o ar, como o *flâneur* de Baudelaire, descrito longamente por Walter Benjamin; a cidade de meu *flâneur*, no entanto, é um labirinto de pensamentos, uma aglomeração de ideias e de possibilidades. É a mesma embriaguez que "se apodera de quem caminhou muito tempo sem objetivo pelas ruas",[9] e desse outro que vagueia de projetos em projeções, perdido nos seus raciocínios. O *menu* do *flâneur,* essas vitrines que ele olha sem jamais parar, é feito de superposições e de coincidências, de semelhanças e de suposições, de irrupções do distante no próximo, do passado no presente. O saber do *flâneur*, diz Benjamin, "está próximo da ciência oculta da conjuntura".[10] E seu estado de espírito é a irresolução,[11] ou seja, o flutuante, o indeterminado, o que pode, ainda e a todo instante, se transformar, como os movimentos de uma multidão.

O *flâneur* está à escuta de suas musas, ele está, pois, em plena errância, nessa forma positiva e dinâmica do esquecimento que começou a se definir a partir dos trabalhos do semiótico americano C. S. Peirce. O ser da

---

7   Mais precisamente, ele explica, o ledor "mantém surdamente por suas percepções, por seu contato com a via fisiológica, a presença liminar mas constante do mundo exterior e de sua realidade; o lido se abandona às emoções suscitadas no Isso até os limites da fantasia; o leitante, que se apega sem dúvida ao ideal do Eu e do Supereu, faz entrar no jogo por prazer a atenção, reflexão, elaboração crítica de um saber etc.". (*Ibidem*, p. 213-214).

8   JOUVE, V. *L'effet-personnage dans le roman*. Paris: Presses Universitaires de France, 1992.

9   BENJAMIN, W. *Paris, capitale du XIXè. siècle*. Paris: Les Éditions du Cerf, 1989, p. 434.

10 *Ibidem*, p. 445.

11 *Ibidem*, p. 443.

errância está, nesse sentido, perdido em seus pensamentos, completamente suspenso, nessa lógica associativa que caracteriza o devaneio e a errância. Seus pensamentos são um labirinto onde se perde, despreocupado, no meio das ruas e cruzamentos. Ele passeia num mundo de possibilidades, sem respeito à lógica e suas limitações, sua atenção flutua e o leva para a correnteza. Ele é, na verdade, a imaginação em trabalho e é através dele que tudo é pensado. É por ele que o pensamento nos é revelado. Sem o *flâneur*, de fato, nada pode ser pensado, nada pode ser imaginado, ele é a condição de toda palavra, seu pressuposto lógico. A errância do *flâneur* é esse movimento contínuo do pensamento, o fluxo que nos atravessa desde que nos deparamos com ele. Uma forma de discurso interior cuja função não é de uma deriva ocasional, mas a que move todo o pensamento.

Quando lemos, quando escrevemos, a errância surge quando não damos mais atenção à atividade em curso, às palavras que lemos ou escrevemos, marcas presentes sobre uma página ou uma tela, para perambular no ar aberto por seus sentidos e possibilidades de significação. O *flâneur* é distraído e despreocupado, desprende-se dos objetos e de sua materialidade. Ele não segue mais o curso das palavras, interessa-se sobretudo por sua tonalidade, esse quase nada, apenas perceptível, que requer para ser captado uma escuta flutuante, colhida em pedaços, posto que incapaz de se fixar numa palavra.

A errância é que capta a aura das coisas – para retomar o termo na acepção dada por Benjamin –, ou seja, "o conjunto das imagens que, surgidas da memória involuntária, tendem a se agrupar em torno de [o objeto oferecido à intuição]".[12] A aura aparece por traços difusos e evanescentes; transe e aura se correspondem como as modalidades fundamentais da aparição do tom, da tonalidade.[13] Como diz Benjamin, "O vestígio é a aparição de uma proximidade, não importa o quão distante possa ser aquilo que o deixou. A aura é a aparição de um distante, não importa o quão próximo possa ser aquilo que a evocou. Com o vestígio, nós nos apoderamos da coisa, com a aura é ela que se torna dona de nós".[14] O vagante, nesse sentido,

---

12 BENJAMIN, W. *Charles Baudelaire*. Paris: Payot, 1979, p. 196.

13 Sobre o sujeito do tom, ler o ensaio de M. Balat. *Psychanalyse, logique, éveil de coma. Le musement du scribe*. Paris: L'Harmattan, 2000.

14 BENJAMIN, W. *Op cit.*, p. 464.

capta a aura dos seus objetos de pensamento, pela percepção dos vestígios evanescentes deixados nos limites de sua consciência, lá onde o próximo e o distante se confundem.

A irresolução característica do vagante, no entanto, torna suas conclusões tão frágeis como um castelo de cartas. Só, ele nada mais é que um catavento que jamais se imobiliza. Ele requer um escriba, o segundo personagem da tríade, para dar a seus múltiplos movimentos uma forma definitiva. O escriba é o que transcreve o que foi pensado pelo *flâneur*. Se o primeiro tem a cabeça nas nuvens, caminhando distraidamente entre suas lembranças e seus esquecimentos, o segundo tem as costas curvadas sobre o bloco de papel, seu lápis à mão. Como o operador de telégrafo sem fio que anota tudo que é transmitido pelo emissor, sem escolher ou buscar compreender, contentando-se simplesmente em copiar o que chega a seus ouvidos, traduzindo os impulsos elétricos em letras, o escriba registra os pensamentos do *flâneur*. Ele os escreve, e por isso os faz existirem, pois sem o escriba o *flâneur* é nada, e tudo o que ele pensa se dissolve no ar.

Fazer existir é transformar o possível em material, é fixar sobre um suporte as ideias antes evanescentes. É detê-las, o que implica, talvez, eliminar esse dinamismo que caracterizava seu jogo, mas, sobretudo, lhes dar um peso, que é o da existência.

Evidentemente, o resultado desse trabalho de transcrição é um material sem forma nem textura, é um imenso rascunho, um conjunto de proposições que não constituem argumento algum. A escrita aparece aí como um processo em ato: aquilo que faz acontecer o que é pensado. A escrita deve ser definida da forma mais ampla possível: das anotações que escrevemos para nós mesmos, das dobras de nossa consciência, das anotações garatujadas às pressas nas margens e no fim dos livros, nessas páginas brancas dos livros, até às notas devidamente escritas nos cadernos ou na tela. Essa escrita é em grande parte ilegível, menos para o escriba que sabe decifrar tais sinais. Essa forma extrema, ilegível, do escriba parece o diário de Alice, heroína do romance de Gaétan Soucy, *La petite fille qui aimait trop les allumettes* [*A menina que adorava fósforos*], que redige seu diário com apenas uma letra, a letra l, escrita em letra cursiva e que ela repete "por folhas e folhas".[15] É uma escrita sem letras nem sentido, uma escrita reduzida à sua função mais simples: a afirmação de uma presença. Não há escrita como tal, unicamente o signo de uma escrita. Um vestígio.

Nas suas formas habituais, a ilegibilidade é relativa, demanda simplesmente, para ser compreendida, um trabalho de contextualização e de interpretação, um trabalho de apropriação. Essa escrita é, na verdade, um material bruto que precisamos ainda classificar, selecionar, colocar em ordem e em forma. Ora, esse é o trabalho do intérprete, o terceiro personagem conceitual. Este é o censor. Ele corta, segmenta, apaga, corrige, reorganiza e dá coerência a essa totalidade informe que é o resultado primeiro do trabalho do escriba, ditado pelo *flâneur*. O intérprete não inventa nada, ele trabalha com o que tem nas mãos, mas se apoderando do material recolhido pelo escriba, ele o compõe de uma forma regular e transmissível. O intérprete é a garantia das convenções literárias e culturais; ele é o operador da maquinaria pesada do social e de suas expectativas. É o intérprete que transforma a escrita em escrito, o processo em resultado, o monólogo interior em fala organizada. É o intérprete que permite a essa experiência íntima, que é a leitura, ser transmitida, compartilhada. Ele controla o que foi colhido, compara os preços, a mercadoria, os valores, e completa as transações.

O *flâneur*, o escriba e o intérprete são três aspectos de um mesmo processo, funções transformadas em figuras. Eles dependem estreitamente um do outro. O intérprete não pode trabalhar sem a ajuda do escriba que, por sua vez, não sabe o que escrever se não aprende primeiro do *flâneur*. Mas, da mesma forma, o *flâneur* fica perdido em seus pensamentos, num pensar que pode até soterrá-lo, se um escriba não vier lhe estender o fio de Ariane, o fio sem o qual nenhum discurso se desenvolve. O próprio escriba não sabe como colocar ordem nas suas coisas sem a interferência do intérprete. Juntos permitem que toda prática de escrita e de leitura possa existir, isto é, que possa ultrapassar o simples estado do possível ou da efusão informe para dar vida a um escrito, a um texto.

---

15 SOUCY, G. *La petite fille qui aimait trop les allumettes*. Montréal: Boréal, 1998, p. 175.

Os três discutem às vezes, sem dúvida. O intérprete tem tendência a ocupar maior espaço e a impor suas normas. O escriba transcreve, às vezes, coisas incompreensíveis e irrecuperáveis na sua taquigrafia ilegível, e o vagante se emaranha geralmente nas flores do tapete, tomando bexigas por lanternas e cavernas por alegorias. Separados, eles não são nada; juntos, nessa conexão que sua relação autoriza, asseguram o vínculo com o texto – e o sentido, esse mistério de toda palavra, toma forma.

Um pequeno de um pequeno

Significa que na leitura, como na escrita, é necessário não somente favorecer a compreensão e a interpretação, signos do intérprete, suscitar a atualização de significações, característica do escriba, mas ainda encorajar o devaneio e a desatenção, próprias do vagante. Essa escuta que o caracteriza, essa procura inicial de traços e de aura é, às vezes, a única forma de ler e de não se deixar prender nas redes do literal e de sua economia. Tomemos, por exemplo, um poema tirado de *Mots d'heures: gousses, rames [Palavras de horas: vagens, ramos]*, coletânea atribuída a François Charles Fernand d'Antin e publicada em 1967 por Luis D'Antin van Rooten. O poema sem título é o quarto da primeira seção do livro.

> Oh, les mots d'heureux bardes
> Où en toutes heures que partent
> Tous guetteurs pour dock à Beaune
> Besoin gigot d'air.
> De que paroisse paire
> Et ne pour dock, pet-de-nonne.[16]

Com que rimam esses versos no limite do absurdo, sobretudo a segunda metade do poema? O que significa "Besoin gigot d'air" [Necessidade cordeiro de ar], que nada possui do cordeiro? Como explicar essa sintaxe extravagante: "De que paroisse paire" [De que paróquia par] ou "Et ne pour

---

16 D'ANTIN VAN ROOTEN, L. *Mots d'heures: gousses, rames. The D'Antin Manuscript*. Penguin Books, 1980, sem paginação.

dock" [E para a doca]? E o que dizer de *pet-de-nonne* [bolinho parecido com sonho], que, por sua vez, aparece, como um verdadeiro trovão, que nada justifica, exceto a rima "à Beaune" e talvez também certa trivialidade. Não dá para dizer que o texto termine ao léu. Como diz Luis d'Artin van Rooten no prefácio, "a frase críptica, os pensamentos descosidos, as alusões misteriosas aos lugares e às pessoas sugerem, em primeiro lugar, um parentesco com as quadras proféticas de Nostradamus". O hermetismo desses versos não escapa a ninguém. Nós estamos em Beaune, em Côte d'Or, ao sul de Dijon, longe consequentemente de toda atividade marítima. O que faz então um cais nesse cenário? Coquetismo do autor? Poema de embriaguez? O editor, um ator por profissão, supõe que pode tratar-se de textos estabelecendo "ligações culturais góticas a meio caminho entre François Rabelais e James Joyce". Ele afirma por outro lado que:

> a maior qualidade desses versos, que os torna tão fascinantes, aparece quando são lidos em voz alta, ao estilo clássico e sonoro, tornado célebre pela Comédie Française na virada do século, cujos grandes intérpretes eram Coquelin, Lucien Guitry, Mounet Sully e a divina Sarah; esses poemas ganham subitamente uma qualidade estranhamente familiar, quase nostálgica e sem pretensão.

Compreender as estrofes de *Mots d'heures: gousses, rames* requereria nem tanto dar atenção às palavras escritas, redigidas por um escriba que parece ter perdido a bússola, mas dar ouvido à sua musicalidade, às imagens acústicas, aos traços de sons e à sua aura, que aparecem no curso de toda leitura. Os poemas requerem que se aborde sua leitura como jogo, que se privilegie uma função ou uma personagem conceitual em detrimento das duas outras, que permanecem na sombra.

As funções do escriba, do vagante e do intérprete estão sempre na obra, pois eles correspondem às três dimensões fundamentais de todo processo de leitura. Cada uma das funções sobredetermina, contudo, um tipo de atenção. O escriba coloca a tônica sobre a letra do texto, sobre sua materialidade. O intérprete se prende às convenções e às leis que formam o texto, aos saberes requisitados para compô-lo. O vagante se deixa levar pela associação e pela escuta, percebendo o que lhe escapa aos olhos. A edição de *Mots d'heures: gousses, rames* proposta por van Rooten privilegia as duas primeiras atitudes, sobredeterminando o trabalho do escriba e do intérprete. As notas de rodapé, que acompanham cada um dos quarenta poemas, exploram essa atenção à letra e sua significação. As notas do quarto, "Oh, les mots d'heureux bardes", exploram, por exemplo, o repertório por vezes surpreendente do texto, como a situação geográfica de Beaune, os excelentes vinhos da Borgonha, a situação dos bardos na França, a improvável presença de contrabando em Côte d'Or, os nomes geralmente engraçados dos doces, como o *pet-de-nonne*, o bretão, a religiosa, e assim por diante.

Mas as notas só estão lá para interceptar, para desviar o olhar do jogo que esse texto funda. A arte do prestidigitador consiste em nos fazer esquecer que o olho é um órgão lento e fácil de enganar. Ele nos leva a admirar o caráter hermético, por vezes arbitrário dos textos, a notar os assíndetos e as agramaticalidades, quando o que importa são os fonemas, a prosódia, a entonação, a pronúncia, os acentos tônicos. Não é o escriba ou o intérprete que deve guiar nossa leitura, mas o vagante, aquele que sabe flanar entre as linhas, e que sabe reconhecer um jogo quando ele se apresenta ao ouvido.

A coletânea é um exemplo de literatura macarrônica, inspirada na poesia burlesca em que as palavras eram ornadas com terminações latinas. *Mots d'heures: gousses, rames* foi catalogado na Biblioteca do Congresso entre as categorias de sátira, de paródia e de facécias. O livro é constituído de "*French verses constructed to reproduce phonetically a selection of Mother Goose rhymes in English*", ou seja, estrofes redigidas em francês a fim de reproduzir foneticamente as versões inglesas de uns quarenta contos da Mamãe Ganso. Quer dizer que as palavras dos bardos alegres que nos anunciam o *incipit* do quarto texto são nada mais do que isto:

> Old Mother Hubbard,
> Went to the cubbard,
> To get her poor dog a bone,
> But when she got there,
> The cubbard was bare
> And the poor dog had none.

A única forma de encontrar o conto da Mamãe Ganso nesta estrofe grotesca seria não prestar atenção à letra do texto, nem se prender aos sentidos das palavras e à incongruência de certos sintagmas, mas reconhecer nos fonemas o palimpsesto, esse texto oculto por aquilo que ordinária e paradoxalmente tende a revelá-lo. Seria preciso se deixar levar pela errância e pelo jogo das similaridades e das associações, únicos que permitem encontrar a mãe nas palavras, o cão no porto e o osso na Côte d'Or.[17]

Ler é deixar-se levar pela situação, brincar com as palavras, deixá-las ressoar em nós e perder-nos nelas, encontrar o distante no próximo, cair e depois levantar, sabendo que a caminhada nada mais é que uma repetição. A literatura é afastamento, e ela se pratica também à distância nos limites do território, lá onde as fronteiras logo se tornam porosas. A subjetividade aparece aí, antes de tudo, não como um tema ou um dado sobre o qual podemos nos debruçar a fim de lhe avaliar a performance, mas como condição fundamental à sua prática.

Rain, rain, go away.
Come again another day.

---

17   Van Rooten fez discípulos. Encontramos assim *Nheures Souris Rames Coucy Cas*, redigido por Ormonde De Kay (Random House, 1988), da mesma forma que *Morder Guss Reims: The Gustave Leberwurst Manuscripts*, redigido por John Hulme (Random House, 1981).

A LEITURA COMO RETORNO A SI: SOBRE O INTERESSE PEDAGÓGICO DAS LEITURAS SUBJETIVAS

Vincent Jouve
(Tradução: Neide Luzia de Rezende)

Toda leitura tem, como se sabe, uma parte constitutiva de subjetividade. Para muitos, trata-se de uma realidade negativa a implicação pessoal do leitor no texto, a qual contém em germe todos os desvios possíveis, indo do simples erro de leitura ao contrassenso mais flagrante. Gostaria de nuançar esse ponto de vista (sem, contudo, a ele me opor frontalmente), atendo-me aos aspectos positivos dessa reapropriação parcial do texto pelo leitor. Com efeito, cada um projeta um pouco de si na sua leitura, por isso a relação com a obra não significa somente sair de si, mas também retornar a si.[1] A leitura de um texto também é sempre leitura do sujeito por ele mesmo, constatação que, longe de problematizar o interesse do ensino literário, ressalta-o. De fato, não se trata, para os pedagogos, de uma oportunidade extraordinária que a leitura seja não somente abertura para a alteridade mas, também, exploração, quase construção de sua própria identidade? Não se trata portanto de apagar, no ensino, a dimensão subjetiva da leitura. Eu proporia, ao contrário, colocá-la no coração dos cursos de literatura. Pode-se contar com um duplo benefício: é mais fácil, no plano pedagógico, fazer com que um aluno se interesse por

---

1   "Sollers dizia, não sem razão: 'É preciso que o leitor compreenda que aquilo que ele lê é ele'. Nessa mesma linha, convém opor ao tradicional e bem pensante 'Ler é sair de si', que figura, como se vê, às vezes concretamente, mas geralmente secretamente, no frontispício dos livros, o vigoroso desmentido compensador de um 'ler é entrar em si'", GRIVEL, Ch. "L'hypocrite, ou le non-dit de lire" ["O hipócrita ou o não dito de ler]. In: *Versants*, n. 2, Hiver 1981-1982, Neuchâtel: L'Âge d'homme, p. 132.

um objeto que fale dele próprio; e não é desinteressante, no plano educativo, completar o saber sobre o mundo pelo saber sobre si.

Antes de precisar as modalidades de um ensino fundado na implicação do leitor, comecemos por examinar de que maneira os diferentes componentes do ato de leitura são dependentes da subjetividade.

A dimensão subjetiva do ler

Os planos que se consideram tradicionalmente como constitutivos do ato de leitura, o plano afetivo e o plano intelectual, são ambos afetados pela subjetividade. Precisemos simplesmente que, se certas reações do leitor são necessariamente subjetivas, outras só o são acidentalmente.

A subjetividade necessária

A implicação do leitor é necessária quando estruturalmente requerida pelo texto. Certas operações de leitura exigem realmente o investimento pessoal do sujeito leitor para andar bem. É o caso, por exemplo, do processo de representação. As imagens mentais construídas pelo leitor a partir do texto são, em razão da incompletude estrutural da obra (o enunciador não pode descrever tudo, nem descrever completamente), necessariamente subjetivas. O modo pelo qual um leitor imagina cenário e personagens a partir de indicações, em geral um tanto vagas do texto, remete a situações e acontecimentos que vivenciou e cuja lembrança retorna espontaneamente durante a leitura. Como podemos imaginar a sala de aula de Charles Bovary se não for a partir de salas de aula que nós mesmos frequentamos ou vimos em ilustrações, filmes, fotografias? De onde vem a fisionomia que damos a Chauvin, o operário taciturno de *Moderato cantabile*, já que o texto apenas se contenta em dizer que ele tem os olhos azuis? É no processo de representação que os traços do vivido individual aparecem mais claramente.

Essas imagens mentais, fundadas em nossa memória pessoal, têm necessariamente uma dimensão afetiva. Se é essa sala de aula que minha memória reteve, com uma atmosfera de tons e detalhes que não existem no texto, é que essa sala tem para mim um valor particular. Aquilo que a leitura faz ressurgir, por meio de uma palavra, de uma frase ou de uma descrição, não vem do nada, mas do *meu* passado. Lembremos o que a palavra "Florence" evoca para Jean-Paul Sartre:

> *Florence é cidade e flor e mulher, ela é cidade-flor e cidade-mulher e moça--flor ao mesmo tempo. (...) A isso se acrescenta o esforço insidioso da biografia. Para mim, Florence é também certa mulher, uma atriz americana que atuava nos filmes mudos da minha infância de quem esqueci tudo, menos que ela era longilínea como uma luva longa de baile e sempre lassa e sempre casta, e sempre casada e incompreendida, e que eu a amava, e que ela se chamava Florence.* [2]

É porque a leitura remete cada um a suas próprias lembranças – esses famosos *souvenirs-écrans* [lembranças-telas] que "escondem e revelam ao mesmo tempo" [3] – que as adaptações de textos literários para a tela se mostram frequentemente decepcionantes. O que se perde na passagem do romance ao filme é a forma particular com que cada leitor vestiu as palavras do texto. Quem então, afora o realizador, representou para si Anna Karenina com os traços de Sophie Marceau? Que leitor do *Conde de Montecristo* verá sem pesar Gérard Depardieu no lugar desse Edmond Dantès único e familiar que ele imaginou? Impor um rosto às figuras romanescas é, pois, nos destituir de nossa intimidade.

Quanto ao plano intelectual, inúmeras operações de leitura se apresentam também como necessariamente subjetivas. É, claro, o caso do processo interpretativo na medida em que ele se funda sobre essas indeterminações inerentes ao texto, as quais chamamos às vezes "lugares de incerteza". Esses espaços textuais cuja ambivalência ou obscuridade solicitam estruturalmente a criatividade do leitor são muito numerosos. J.-L. Dufays mostrou,

---

2   SARTRE, J.-P. *Qu'est-ce que la littérature?* Paris: Éditions Gallimard, 1948, p. 21.

3   PICARD, M. *Lire le temps.* Paris: Les Éditions de Minuit, 1989, p. 119.

entretanto, que poderíamos situá-los em quatro categorias fundamentais: a ambiguidade, o resíduo, o branco e a contradição.[4] Se nos limitamos ao caso da narrativa, a subjetividade da interpretação é uma consequência lógica daquilo que V. Descombes, retomando uma noção de N. Frye, chama de "extraversão" romanesca[5] e que poderíamos definir assim: preferir a expressão dos fatos à comunicação direta da ideia. O romance, com efeito, prefere sempre o acontecimento ou o quadro, quer dizer, a representação, ao discurso explícito. Encontramos uma constatação semelhante em Barthes, que comentando uma observação de Chateaubriand no prefácio a *Vie de Rancé*, diz:

> O abade Séguin tinha um gato amarelo. Quem sabe esse gato amarelo seja ele toda a literatura; pois se a notação remete talvez à ideia que um gato amarelo é um gato desgraçado, perdido, portanto achado, e conjuga assim outros detalhes da vida do abade, atestando todos sua bondade e pobreza, esse amarelo é também simplesmente amarelo, não remete somente ao sublime, enfim ao intelectual, ele permanece obstinado, no nível das cores (...).[6]

Esse privilégio dado à representação (é melhor assinalar a cor do gato do que a generosidade do abade) explica porque o texto literário geralmente é definido como linguagem indireta: é mostrando que ele faz pensar. Extrair a significação de um romance é obter o conceito a partir do acontecimento. Tal operação pode dificilmente escapar à subjetividade.

---

4   Fala-se de "ambiguidade" quando for possível atribuir a uma unidade textual ao menos dois sentidos distintos. O "branco" remete a um lugar do texto onde uma informação necessária faz falta. O "resíduo" é uma unidade semântica que não se integra ao sistema de significação desenvolvido. A "contradição", enfim, designa uma incompatibilidade entre unidades textuais de mesmo nível (DUFAYS, J.-L. *Stéréotype et lecture*. Liège: Mardaga, 1994, p. 156-7).

5   Ver PROUST, M. *Philosophie du roman*. Paris: Les Éditions de Minuit, 1987, p. 75.

6   BARTHES, R. *Nouveaux essais critiques*. Paris: Seuil, 1972, p. 116-7.

Leitura subjetiva e ensino de literatura 57

A subjetividade acidental

Se o leitor é, em certos momentos, conduzido pelo texto a se envolver pessoalmente na ficção, acontece-lhe igualmente de colocar a subjetividade no lugar onde ela não estava prevista pelo texto. Às configurações necessariamente subjetivas se acrescentam configurações acidentalmente subjetivas. Também nesse caso a constatação se dá tanto no plano afetivo quanto no plano intelectual.

No plano afetivo, a identificação (que em princípio é programada pelo texto[7]) é geralmente vivida subjetivamente pelos leitores. Esse fenômeno está na origem do contrassenso, às vezes consciente, como testemunha o exemplo de Montherlant, leitor de *Quo vadis*. Reconhecendo-se mais no paganismo morrente do que nas figuras fundadoras do cristianismo, Montherlant, desprezando os dados textuais, glorifica as personagens que encarnam os contra-valores aos olhos de Sienkiewicz (desprendimento altaneiro, orgulho, fascínio pela "grandeza", gosto pelas multidões e pelos jogos públicos). Ouçamos o que ele próprio confessa sobre seu encontro com a obra:

> Eu tinha nove anos. Influência não é a palavra. O que exatamente ocorreu foi uma brusca revelação daquilo que eu era e já era inteiro. Encontrava algo de mim em Nero, Petrônio, Vinicius, até em Plauto. E minha antipatia pelo apóstolo Pedro e os cristãos em geral revelava, isso também, uma tendência já enraizada profundamente em mim.[8]

As reações afetivas do leitor podem, portanto, questionar as "diretrizes emocionais"[9] do texto.

Quanto ao plano intelectual, a compreensão (que é, no entanto, reputada de se enraizar no sentido literal do texto) padece da subjetividade dos leitores. Em primeiro lugar isso se deve aos limites de nossas faculdades

---

7   Procedimentos como a focalização interna, no plano da narração, ou a "heroicização" da personagem, no plano da história, remetem, de modo explícito, à identificação do leitor.

8   Carta citada por M. KOSKO, em *Un best-seller 1900: Quo vadis*. Paris: Corti, 1960, p. 130.

9   A fórmula foi emprestada dos formalistas russos.

de memória: não podemos assimilar o conjunto dos dados textuais; assim, aquilo que retemos de um texto depende prioritariamente de nossos centros de interesse. Essa seleção subjetiva da informação é a fonte de numerosos erros de leitura. Kundera, em *Os testamentos traídos*, cita o caso da leitura, por um universitário americano, da novela de Hemingway *Colinas parecendo elefantes brancos*:

> O caráter estético original da novela (seu a-psicologismo, a ocultação intencional do passado das personagens, o caráter não-dramático etc.) não é levado em consideração; pior, esse caráter estético é anulado.[10]

Em consequência:

> A novela se transformou em uma lição de moral: as personagens são julgadas segundo suas relações com o aborto que é *a priori* considerado um mal (…).[11]

Segundo Kundera, o comentador, realizando uma leitura seletiva, projetou no texto uma escala de valores ausente da novela de Hemingway. Podemos nos perguntar se não é próprio a toda leitura informar mais sobre o ponto de vista do sujeito que lê (e que acreditou entender aquilo que a novela não diz) do que sobre o texto.

Outra razão que explica a dimensão subjetiva da compreensão é que não podemos deixar de construir o sentido a não ser nos referindo a um *déjà lu* subjetivo. A intertextualidade mais determinante não é a do texto, mas a do leitor. Ler é realizar, sem preocupação com a cronologia, todas as conexões possíveis entre os textos. Pode-se assim, como fez Thibaudet, reler Montaigne à luz de Bergson:

> Se o Montaigne de Thibaudet pudesse ser algo em particular, ele seria bergsoniano. Mobilismo, vitalismo, sentido do devir, sentimento da duração, crítica da linguagem e do intelecto, papel decisivo da intuição,

---

10 KUNDERA, M. *Les testaments trahis*. Paris: Éditions Gallimard, 1993, p. 175.

11 *Ibidem*.

oposições maiores do fora e do dentro, do mecânico e do vivo, tudo os aproxima e tende a confundi-los.[12]

Na mesma ordem de ideias, pode-se, como Proust, ser sensível ao "lado Dostoiévski de Mme. De Sévigné" ou se interessar à dimensão kafkiana de Cervantes.

A compreensão é ainda mais dependente da subjetividade do leitor à medida que se torna difícil definir o sentido objetivo de um texto: podemos, com efeito, tirar partido da escolha – e contraditoriamente – da literalidade do texto, ou, ao contrário, da linguagem indireta que o constitui e nos convida a ultrapassar a miopia da leitura literal. No primeiro caso, será evocado o respeito da letra contra os preconceitos culturais. No segundo, se acusará o mau leitor que se manteve estupidamente na superfície do texto sem perceber os jogos da ironia e o segundo grau. É preciso observar que encontramos às vezes esses dois procedimentos na pena do mesmo crítico. Citemos duas passagens da leitura de *Ligações perigosas* por Guy Scarpetta. Na primeira, é o respeito da letra que é invocado para estigmatizar o mal-entendido que vê ciúmes na atitude de Mme. Merteuil em relação a Valmont:

> (...) a reler sem ideia preconcebida essas cartas, parece que a maioria dos comentários caem no contrassenso; que NADA, de fato, indica o menor traço de ciúmes da parte da Sra. Merteuil. Não apenas porque a conivência libertina é oposta a toda atitude possessiva (nos divertimos muito com as aventuras do parceiro); mas também porque o ciúme supõe uma relação exclusiva, quer dizer, uma dependência (...), e não existe uma só frase de Merteuil que deixe suspeitar isso.[13]

É por não ter sabido se manter na letra – arriscando inferências que não se justificavam no texto – que os comentadores produziram leituras erradas. Numa outra passagem, o mal-entendido é apresentado como tendo origem, ao contrário, em uma leitura literal que se sustenta

---

12   GENETTE, G. "Montaigne bergsonien". In: *Figures I*. Paris: Seuil, 1966, p. 143.

13   SCARPETTA, G. *Pour le plaisir*. Paris: Éditions Gallimard, 1998, p. 209.

ingenuamente no discurso explícito. Trata-se de saber como ler a conclusão "moral" do romance de Laclos:

> Alguns encontrarão a oportunidade de recalcar o prazer perturbador que o romance suscitou neles, ou até apaziguar o medo que o reconhecimento de um tal prazer pode suscitar; enquanto que outros saberão interpretar essa conclusão como um simples artifício, suficientemente grosseiro para só enganar os mais ingênuos, e destinado antes de tudo a oferecer ao romance a cobertura moral própria para preservá-lo da reprovação geral.[14]

Portanto, Scarpetta nos convida aqui a ultrapassar a ingenuidade de uma leitura literal que não seria capaz de ler nas entrelinhas. O sentido objetivo da obra não é, como se vê, nada fácil de identificar.

Leitura e identidade

Que a reapropriação subjetiva do texto seja legítima ou acidental, o fato é que sua importância na leitura é considerável. Ela explica porque a relação com a obra é sempre ao mesmo tempo exploração do sujeito por ele mesmo. Como observa justamente C. Grivel:

> Não se deve (…) acreditar muito no "abandono" do leitor à sua leitura: ele não se entrega tanto e aquilo a que ele se apega, extraiu, para começar, de seu cérebro; ele o observa se agitar.[15]

É finalmente quando as configurações subjetivas do leitor são questionadas pelo texto (quer dizer, quando a subjetividade é acidental) que a experiência da volta a si é mais impactante. O leitor é então levado a refletir sobre o que o conduziu a projetar no texto aquilo que não estava lá. Como nota Iser, é esse autodistanciamento que faz da leitura uma experiência:

---

14 *Ibidem.* p. 235.

15 GRIVEL, Ch. "L'hypocrite, ou le non-dit de lire". In: *Op. cit.*, p. 137.

As contradições que o leitor produziu formando suas configurações adquirem sua importância própria. Elas o obrigam a se dar conta da insuficiência dessas configurações que ele próprio produziu. Ele pode então se distanciar do texto do qual faz parte, de sorte a poder se observar, ou ao menos se perceber implicado. A atitude de se perceber a si mesmo num processo do qual participa é um momento central da experiência estética.[16]

É, pois, em razão de sua dimensão subjetiva que a leitura se apresenta como uma exploração máxima da *área transicional* tal qual é definida por Winnicott.[17] Espaço intermediário entre o eu do leitor e o não-eu do texto, entre o sujeito que lê e o outro que escreve, entre o imaginário das representações e a realidade da linguagem, ela é esse lugar intermediário onde se persegue a construção jamais acabada de nossa identidade.

A confrontação do leitor consigo mesmo é, portanto, uma das dimensões maiores da leitura. A questão é saber como introduzi-la no ensino.

Propostas metodológicas

Proponho um percurso em três tempos.

A primeira etapa consistiria em partir da relação pessoal com o texto. Tratar-se-ia, após a leitura de um dado trecho, de perguntar aos alunos o seguinte: como estão representados o cenário, os objetos, as personagens? Como estas reagem à situação no plano afetivo e moral? Os alunos podem se identificar com elas? O que eles compreendem do texto? O que acham interessante?

Uma segunda etapa consistiria em confrontar as reações dos alunos com os dados textuais. Poder-se-ia, por exemplo, partir de respostas contraditórias para ver se o texto permite ou não respostas categóricas. O desafio é mediar aquilo que vem do texto e o que cada leitor acrescenta. Distinguir-se-ão igualmente, entre as configurações subjetivas, aquelas que são compatíveis com o que diz o texto e aquelas que não o são.

---

16   ISER, W. *L'acte de lecture*, trad. franc. Liège: Ardaga, 1976, p. 241-2.

17   Sobre a relação entre a leitura e o jogo, ver PICARD, M. *La lecture comme jeu*. Paris: Les Éditions de Minuit, 1986.

A última etapa consistirá em interrogar as reações subjetivas dos alunos (sobretudo quando elas não são requisitadas pelo texto, ou até quando elas o contradizem). De onde vêm suas representações? Por que se identificam com certas personagens? Por quais razões julgam certo ato positivo ou negativo etc.? A finalidade do exercício é mostrar que a leitura não é somente a ocasião de enriquecer o saber sobre o mundo; ela permite também aprofundar o saber sobre si.

Gostaria, para terminar, de propor um exemplo concreto desse tipo de método baseando-me nos resultados de uma experiência de leitura efetuada com classes de 6ª e 4ª séries[18] de um colégio de Val-de-Marne. Trata-se de um exercício realizado por F. Rastier – por razões totalmente diversas dessas com que nos ocupamos hoje – a partir de um excerto do sétimo capítulo de *L'assommoir*.[19] As respostas dos alunos a um questionário elaborado na ocasião me interessam enquanto reações de leituras registradas. O texto evoca a refeição dada para a festa de Gervaise e, mais precisamente, a recepção ao prato *blanquette de veau*. Cito algumas linhas para esclarecer a exposição:

> Ah! Raios! que buraco na blanquette! Se não falássemos nada, mastiga-ríamos de boca fechada! (…) Entre os bocados, se ouvia o fundo dos copos batendo na mesa. O molho estava um pouco salgado, foi preciso quatro litros para afogar essa estúpida blanquette, que engolida como um creme era como se pusesse um incêndio na barriga.[20]

No plano da representação, certas reações apresentam já algumas surpresas. Um jovem antilhano explica que "a *blanquette* dá sede porque ela é muito apimentada"[21] e três alunos tiram do nome *bougresse* [estúpida] a imagem de um "bout de graisse [pedaço de gordura]".[22] A primeira

---

18   Nota da tradutora: essas séries correspondem aos nossos atuais 5º e 7º anos do ensino fundamental.

19   Ver RASTIER, F. *Sens et textualité*. Paris: Hachette, 1989.

20   ZOLA, M. *L'Assommoir*. Paris: Éditions Fasquelle-Gallimard, 1974, p. 238. Citado por RASTIER F. em *Sens et textualité. Op. cit.*, p. 149.

21   RASTIER F. *Sens et textualité. Op. cit.*, p. 150, nota 4.

22   *Ibidem*, p. 154.

Leitura subjetiva e ensino de literatura   63

representação se explica por uma projeção cultural que pode ser a oportunidade de refletir sobre o componente cultural da identidade e sobre sua importância na leitura. Quanto à confusão homofônica entre *bougresse – bout de graisse* ela mostra como a pressão contextual (trata-se da descrição de uma refeição) pesa nas representações e permite preencher os hiatos que ficam dos problemas de decifração lexical. Talvez seja essa a oportunidade de refletir, se não em relação ao sentido, pelo menos sobre o regime particular da significação nos textos literários.

Quanto ao plano afetivo, e mais precisamente à identificação, a maioria dos alunos se recusou a se colocar no lugar das personagens, cuja forma de comer, marcada pelo excesso e vulgaridade, parece desacreditada pelo narrador. Duas portuguesinhas reagiram, entretanto, diferentemente. A primeira explica:

> *Não tenho nada a ver com isso, mas acho que é legal fazer uma festa, mesmo se não dá certo ou se se come mal, ou mesmo se não nos divertimos muito.*[23]

Quanto à segunda, ela escreve:

> *O autor quer provar que em CERTAS famílias [sublinhada duas vezes por ela], é um pouco a vulgaridade que reina.*[24]

O que essas respostas claramente evidenciam é que se certos alunos aceitaram se identificar com as personagens (que, como eles, pertencem a um meio popular), hesitam entretanto em julgá-las. E, quando o fazem, recusam-se a estender essas representações a todas as famílias modestas, pelo que seriam levados a se desvalorizar eles próprios. Tais reações colocam em evidência os mecanismos socioculturais de uma identificação, que não se assentaria, pois, unicamente sobre a afetividade e não seria inteiramente regulada pelo texto. Vê-se assim como, através do olhar que eles lançam sobre as personagens, os leitores tentam definir sua própria identidade.

---

23   *Ibidem*, p. 166.
24   *Ibidem*.

No plano ético, a personagem de Gervaise provocou avaliações diferentes, até mesmo contraditórias. Desse modo, no que diz respeito a certos deslizes em relação ao *savoir-vivre*, houve alunos que se propuseram a "desculpar" Gervaise ("não é que Gervaise não seja educada, o problema é que ela não tem dinheiro"[25]) como houve os que a condenaram sem meio termo ("se não tem dinheiro, não convida"[26]). O importante é saber se o texto permite ou não ter essas posições: há, no trecho, indícios que desqualificam abertamente Gervaise? Ou pode-se dizer, ao contrário, que Gervaise não é absolutamente condenada pelo narrador? Se é possível responder sobre as intenções objetivas do texto, a questão é saber por que certos alunos perceberam uma condenação que não existia ou, inversamente, por que eles desculpam uma personagem explicitamente depreciada. Poder-se-ia fazer o mesmo exercício a partir de outros julgamentos avaliativos concernindo os convivas. Para a maioria dos alunos, eles "exageram" ou "comem como porcos".[27] Notemos que os alunos que perceberam melhor a vulgaridade dos comportamentos são os jovens magrebinos que, segundo F. Rastier, são "sem dúvida, mais bem formados que outros nas regras da hospitalidade".[28] Alguns leitores se revelam, entretanto, mais sensíveis quanto à quantidade de alimento absorvida do que ao modo de ingeri-lo: "Os convidados não devem ir ao restaurante depois";[29] "Estavam contentes: tinham comido por uma semana".[30]

Quanto à compreensão do texto, certas afirmações dos alunos são particularmente interessantes. Para muitos dentre eles, o narrador está entre os convivas.[31] Essa impressão, devida talvez ao emprego do estilo indireto livre e à focalização nos comensais, é a ocasião de evidenciar a particularidade de certos textos literários que, como esse, propõem um duplo lugar enunciativo. Pode-se de fato extrair do texto dois pontos de vista sobre a

---

25   *Ibidem*, p. 160.

26   *Ibidem*.

27   *Ibidem*, p. 165.

28   *Ibidem*, p. 161.

29   *Ibidem*, p. 164.

30   *Ibidem*, p. 165.

31   *Ibidem*, p. 162.

Leitura subjetiva e ensino de literatura 65

refeição: o dos que comem e o do (implícito) narrador. Ora, os dois pontos de vista não coincidem, na medida em que o narrador sublinha a vulgaridade da refeição enquanto os comensais são mais sensíveis à sua intensidade. A questão é saber por que certos leitores vão espontaneamente ocupar um ou outro dos dois espaços de leitura que correspondem a esses dois focos. A percepção do dispositivo enunciativo do texto determina em grande parte sua interpretação. F. Rastier observa que certas respostas dão prova de um "patético interpretativo, que reiteraria o patético narrativo":[32] ou o leitor adota a posição dos convivas e é desvalorizado pelo narrador, ou adota o ponto de vista do narrador e é ele desvalorizado, em nome de uma axiologia antipopular, sentida como agressiva e injusta pela maioria dos alunos. É particularmente interessante ver como os alunos enfrentam essa dimensão dialógica do texto, como eles a resolvem e o que essa reação revela sobre os componentes psicossociais de sua identidade.

Tal exercício, que é possível propor a partir de qualquer texto, terá, espero, me permitido mostrar que a finalidade dos cursos de Letras não é apenas enriquecer nossa cultura, mas também – e, talvez, sobretudo – saber melhor quem nós somos.

---

32 *Ibidem*, p. 166.

AUTOBIOGRAFIA DE LEITOR E IDENTIDADE LITERÁRIA

Annie Rouxel

(Tradução: Neide Luzia de Rezende)

Em 2000, o jornalista Pierre Dumayet inaugura, com seu *Autobiographie d'un lecteur* [Autobiografia de um leitor],[1] um gênero que situa a identidade do leitor no coração do percurso autobiográfico. Grande leitor, ele evoca os livros que o marcaram e analisa, ao longo das obras e de sua vida, as variações de sua relação com o texto na leitura. Ele "autonomiza", no gênero autobiográfico, um percurso latente em muitos escritores, como Gide, que não podia falar dele próprio sem evocar suas leituras, uma vez que a identidade de leitor é um componente da personalidade desses escritores,[2] mas isso é feito de modo fragmentário no âmbito de um projeto mais amplo. Totalmente centrado na leitura, esse gênero abre a reflexão para a importância que pode ter a literatura na formação de um indivíduo, para a multiplicidade de modos de apropriação dos textos, para o lugar da subjetividade no sujeito que constrói o sentido. Não é de surpreender que a escola se aproveite desse gênero!

Não obstante, a escolarização do gênero suscita inúmeras questões. Podemos, de imediato, perguntar sobre a pertinência de propor a prática a jovens leitores: qual é o interesse de um tal exercício? Quais são seus limites? Mas também pensar: que ensinamentos podemos extrair da experiência de grandes leitores para analisar e compreender os fundamentos da experiência

---

1   DUMAYET, P. *Autobiographie d'un lecteur*. Paris: Pauvert, 2000.

2   GIDE, A. *Journal 1939-1942*. Paris: Éditions Gallimard, 1946, p. 24-25. Para ele, a leitura é um "vício impune", um "guia do pensamento".

68   Annie Rouxel * Gérard Langlade * Neide Luzia de Rezende

estética nos leitores em formação? A autobiografia de leitor permite igualmente entrever como se determinam os gostos literários e a identidade de leitor. Descrevendo como se encontram o mundo do texto e o mundo do leitor, ela permite observar o lugar que ocupa o processo de identificação na recepção dos textos e a que fenômenos de desdobramento identitário são convidados os sujeitos leitores durante o ato de leitura.

De um percurso de especialista a sua escolarização

Realizar uma autobiografia de leitor pode se impor como uma necessidade entre aqueles que, escritores ou críticos literários, mantêm com os livros e a literatura uma relação privilegiada. Grandes leitores, eles não podem se descrever sem evocar os textos que os marcaram.

Da autobiografia de leitor à identidade literária

É assim que Pierre Dumayet conta "como os escritores entraram" naquilo que ele denomina "sua segunda vida",[3] aquela que os livros nos oferecem, independentemente de nossa vida cotidiana e de nossa idade. Essa metáfora apresenta a cultura literária como um universo autônomo disponível a todo momento. Ao pretender estruturá-lo cronologicamente, o jornalista sublinha as dificuldades próprias do gênero autobiográfico, ligadas à memória recomposta. Ele se pergunta: como "filtrar sua memória"? E chega a lamentar não ter mantido, como Queneau, durante sessenta anos um caderno de leituras. Ele constata também: "Como é difícil reencontrar o leitor que éramos".[4] Sua busca é dupla: reencontrar os textos que compõem "sua segunda vida" e se reencontrar ele mesmo tal qual era. Esse desejo de autenticidade o conduz às vezes a se descuidar das traições da memória, a preferir a releitura de um livro cujo enredo se apagou, a "lembrança esquecida" que o faz ouvir a "voz sem palavras" das personagens.[5] Desse modo, P. Dumayet desloca e circunscreve

---

3   DUMAYET, P. *Op. cit.*, p. 40.

4   *Ibidem*, p. 29.

5   *Ibidem*, p. 12-13. P. Dumayet evoca a leitura de *Madame Thérèse* de Erkmann e Chatrian: "O que me resta é a voz de Madame Thérèse, uma voz sem palavras,

o objeto do pacto autobiográfico rumo à sinceridade – e à verdade – não do indivíduo no seu conjunto, mas do leitor.

Essa tentação de se dizer pelos livros existe também em numerosos escritores, mas, de fato, ela se limita com frequência à cena inaugural da vida de leitor e às leituras de infância ou de juventude. *Les confessions, Claudine à l'école, Si le grain ne meurt, Les mots, Mémoires d'une jeune fille rangée,* e *W ou le souvenir d'enfance* dão lugar a esses motivos cujo liame com o devir de seu autor podemos pressentir.

Em Gide, entretanto, existe a ideia da autobiografia de leitor. No seu *Diário,*[6] em agosto de 1940, declara: "Eu queria escrever, nem que fosse apenas por reconhecimento, por elogio das obras que me ensinaram a me conhecer,[7] que me formaram. O grande defeito de *Si le grain ne meurt*...: não digo nesse livro quais foram os meus iniciadores. Haveria aí matéria para um outro livro, e num plano completamente diferente". Contudo, mesmo evocando a autobiografia de leitor, Gide não a realiza, ou o faz de maneira indireta, pois é um diário que ele escreve, e por causa disso ele se percebe como sujeito leitor apenas fragmentariamente, na sucessão dos momentos da escrita, ainda que a atividade de releitura o leve às vezes a mergulhar em si mesmo para confrontar sua recepção do momento presente àquela de antes.

Por outro lado, ao descrever sua relação com a literatura, introduz a noção complexa de *identidade literária*: identidade revelada e construída pela literatura, mas também por esta descrita. "Frequentemente – escreve – me sinto tentado a elaborar durante minhas leituras cotidianas uma espécie de antologia, grãos que, aqui e acolá, vou recolhendo".[8] Esse gesto antológico aparece como constitutivo dessa identidade literária na

---

quase real, uma voz que não canta, mas que poderia falar em caso de perigo. Mélisande tem uma voz dessa natureza...".

6 GIDE, A. *Journal 1939-1942. Op. cit.* p. 78.

7 *Ibidem*, p. 76: Gide cita como exemplo a tragédia de Eurípedes, as *Bacantes*, que o abalou profundamente quando a leu pela primeira vez, pois ela entrou em forte ressonância com seu conflito interior naquele momento. "Eu deparei com as *Bacantes* num tempo em que me debatia ainda contra o cerco de uma moral puritana. A resistência de Penteu era a minha àquilo que um Dioniso secreto propunha".

8 *Ibidem*, p. 108.

qual se exprimem os gostos pessoais. As obras assim colhidas são revestidas de valor na história pessoal do leitor: elas são providas, julgadas dignas de representá-lo.

A noção de identidade literária supõe, pois, uma espécie de equivalência entre si e os textos: textos de que eu gosto, que me representam, que metaforicamente falam de mim, que me fizeram ser o que sou, que dizem aquilo que eu gostaria de dizer, que me revelaram a mim mesmo. Essa noção requer e estabelece a memória de textos que perfizeram um percurso – evoca um universo literário – mas inclui também uma relação com a língua, com a escrita e com a singularidade do modo de ler, o que Alain Viala denomina "a retórica do leitor"[9] e que ilustra tão bem o romance de Ítalo Calvino, *Se um viajante numa noite de inverno...*[10]

Assim descrita, a autobiografia de leitor é uma tarefa exigente do adulto, grande leitor, escritor ou mediador e podemos perguntar que pertinência e que desafios essa prática pode ter no meio escolar.

A autobiografia de leitor no ensino médio e na universidade: dificuldades e desafios

Uma experiência limitada

Não seria *a priori* paradoxal propor essa tarefa a jovens leitores, ou seja, a alunos de pouca leitura? O exercício – pois é preciso denominá-lo assim – não é sem risco. Como assumir um estatuto de não leitor e contar a seu professor sobre a falta de interesse ou o tédio diante da ideia de abrir um livro? Como falar da falta de vontade de ler quando nos propõem uma experiência literária? Para certas escolas, ler é ainda uma *performance* que se mede pelo número de páginas e pelo tamanho dos caracteres. Privada de seus desafios simbólicos, e por isso

---

9   VIALA, A. "L'enjeu em jeu". In: PICARD, M. (dir.). *La lecture littéraire*. Paris: Clancier-Guénaud, 1987, p. 15-31.

10   CALVINO, I. *Se um viajante numa noite de inverno...* São Paulo: Companhia das Letras, 1995.

tornada atividade mecânica, a leitura é um sofrimento; certos alunos não hesitam em confessá-lo.

Um leitor forçado

Uma segunda dificuldade se refere ao próprio âmbito escolar, que tende a disseminar a imagem de um leitor forçado. As cerca de duzentas autobiografias de leitores nas quais se apoia esta reflexão foram realizadas por um lado no 1º e 2º anos de escolas de ensino médio e, por outro, na universidade Rennes 2, junto a estudantes de graduação em Letras que se habilitam para o ensino. As condições de realização são evidentemente diferentes.

Qualquer que seja o objetivo ou o nível considerado, os discursos colocam em evidência, entre os jovens leitores, uma clivagem identitária entre o leitor escolar e o outro leitor que existe nele. Inúmeros testemunhos convergem para denunciar a obrigação da leitura escolar. Os textos propostos em classe, culturalmente distantes das leituras pessoais, o ritmo de leitura imposto para a descoberta das obras, a lentidão de seu estudo são igualmente queixas pelas quais alguns alunos justificam sua hostilidade. Alguns, como esta aluna, se recordam dos terríveis sofrimentos e do trauma de uma aprendizagem difícil: "E minha vida continuou, engatando as leituras incompreendidas, forçadas, aumentando meu sofrimento".

Esse sentimento de obrigação é ainda mais intenso à medida que é reforçado pela pressão familiar, o que leva o jovem leitor a, às vezes, ele mesmo se forçar à leitura. Uma estudante de letras clássicas, depois de recordar o papel desempenhado pelos benefícios da leitura, revela: "Parece que, ao ler, eu associo sempre – em graus diversos, claro – a ideia de uma certa obrigação externa, às vezes sutil. (...) Eu tenho a impressão que, para mim, ler se conjuga na maior parte do tempo com o verbo dever".

Finalmente, é bastante surpreendente descobrir, um pouco atenuada nos escritos dos estudantes universitários, mas ainda assim bem presente, a mesma dicotomia que se observa junto aos alunos do ensino médio entre leituras escolares e leituras não escolares. Isso mostra uma identidade dual.

Um ato fundador

Entretanto, apesar das dificuldades, a prática da autobiografia de leitor é felizmente carregada de ensinamentos para os sujeitos leitores em formação. Fazendo emergir na consciência uma imagem de si mesmo, ela constitui com frequência o gesto de uma identidade de leitor construindo-se ou afirmando-se. Aos professores, ela oferece a oportunidade de descobrir como se constrói a relação com a leitura e a literatura. Ainda mais que a rica coleta de autobiografias de leitores em formação se encontra em muitos pontos com aquelas dos leitores já consolidados.

Desafios identitários, motivos recorrentes

Meu objetivo não é aqui aprofundar os elementos de uma poética do gênero.[11] Pareceu-me mais interessante explorar alguns motivos comuns a todos esses textos numa perspectiva mais antropológica do que semiótica ou sociológica.

Na origem, o desejo, a emoção

O primeiro elemento que merece reflexão é a importância do desejo e do afetivo na construção do sujeito como leitor. Como o texto é um "desejo de leitor", o leitor deve ser em desejo de texto.[12] O desejo de ler nasce de mediações cuja natureza às vezes é imponderável. "A leitura é uma arte que se transmite mais do que se ensina", escreve Michèle Petit.[13] Essa afirmação, que pode parecer um tanto provocadora quando submetida a uma comunidade de professores, designa menos o *habitus* cultural próprio "dos herdeiros" de Bourdieu, do que a questão complexa dos modos de transmissão do

---

11 Seria legítimo, a partir das invariantes – iniciação à leitura por intermédio da mãe, leituras de infância e de juventude, obras marcantes, maneira de ler e relação com o texto no ato lexical e, finalmente, transformação da autobiografia em autorretrato – aprofundar a poética do gênero.

12 BARTHES, R. *Le plaisir du texte*. Paris: Seuil, 1973, p. 13. "O texto que você escreve deve me dar a prova *que ele me deseja*. Essa prova existe: é a escrita."

13 PETIT, M. Antropóloga, professora em Paris 1, autora de *Éloge de la lecture: la construction de soi*. Paris: Belin, 2002; "Les relations", conferência pronunciada em 13/11/2003 nas jornadas de estudos da adbdp (Associação dos Diretores das Bibliotecas Departamentais de Prêt), publicada na internet: http://www.adbdp.asso.fr/je2003/petit.htm

desejo de ler. Este, ela escreve, "nasce frequentemente do desejo de roubar o objeto que encantava o outro, para ter acesso a ele, conhecer seu segredo, se apropriar de seu poder, do seu suposto charme".[14] Esse desejo de compartilhar uma emoção e de poder fazê-la nascer, se é fundador e preside ao nascimento do leitor, está também sempre pronto a reaparecer ao longo da vida. A vontade de compartilhar o prazer ou o conhecimento do outro estimula a curiosidade. Os adolescentes do 1º ano do ensino médio insistem no gesto de mediação que permite que se situem numa comunidade.[15] Os livros aconselhados por alguém próximo, mas sobretudo pelos colegas suscitam interesse; da mesma forma, o fato de recomendar um livro é mais conscientemente o prazer altruísta do compartilhamento, de não deter sozinho o *segredo*, do que o ato de reconhecimento de uma obra. Essa experiência que todos conhecemos ocupa um grande lugar nos relatos dos grandes leitores. Desse modo, Pierre Dumayet homenageia seu vizinho de dormitório em Westcliff-on-sea que lia Rabelais em voz alta morrendo de rir[16] e também Étienne Lalou que o fez ler *Les nourritures terrestres*, enquanto Gide, na sua maturidade, rememora a curiosidade que se apossou dele quando ouviu Jean Schlumberger e Marie Delcourt falar sobre a peça de Eurípides, as *Bacantes*.[17] O desejo de ler ou reler é um desejo de conhecimento que nasce de uma vontade de compartilhar com os outros leitores, e a palavra desempenha um papel essencial.

Contudo, os textos dos adolescentes do 1º ano mostram que não há relação obrigatória entre desejo de ler e prazer de ler. Muitos alunos superam sua reticência em ler um texto e aceitam de bom grado que sentiram prazer. Mas essa experiência positiva não chega a vencer no espírito deles o preconceito desfavorável que se associa à ideia de ler. O que remete à força das representações anteriores e à importância (no caso, a fragilidade) da ligação com a literatura construída na primeira infância. "A capacidade de construir com os livros uma relação afetiva, emotiva, e não apenas

---

14   *Ibidem.*

15   Assim se explica em parte o sucesso de *Harry Potter.*

16   DUMAYET, P. *Op. cit.*, p. 40

17   GIDE, A. *Journal 1939-1942, Op. cit.*, p. 76.

cognitiva, parece decisiva", diz ainda Michèle Petit. E é verdade que todas as autobiografias de leitores mostram que a leitura é quase sempre, antes de tudo, a procura de uma emoção. Alunos do ensino médio e superior usam termos hiperbólicos para descrever a recepção das obras de que eles gostaram, que fizeram com que derramassem lágrimas. Essas reações sensíveis e violentas são com frequência transcritas metaforicamente pelos escritores. "Eu vibrei como um violão", conta Gide em *Si le grain ne meurt*,[18] evocando, não sem ironias sua emoção no trecho do marquês de Saint-Vallier em *Le roi s'amuse*. Mais tarde, qualificará a perturbação que o tomou como uma embriaguez ou estado lírico,[19] e fala de deslumbramento para descrever o *élan* de entusiasmo que o leva à leitura.[20] Quanto a P. Dumayet, ele compara a embriaguez à leitura dos filósofos, "à sensação que experimentamos quando entramos numa catedral cuja arquitetura é tão arrebatadora que nos perguntamos onde ela vai dar".[21] Essa impressão de amplitude do ser[22] que resulta do trabalho secreto efetuado pelo texto sobre o sujeito leitor é, sem dúvida, o que é essencial na leitura e é precisamente aquilo que não se diz.

Leitura e transformação de si

"Mas o que podemos falar de uma leitura?", pergunta André Gide, relembrando o "erro fatal" de seu "relato assim como de todas as memórias; apresenta-se o mais aparente; o mais importante, sem contornos, elide a apreensão".[23] Acontece que, de fato, cala-se sobre o essencial, aquilo que

---

18 Paris: Éditions Gallimard, p. 1965, p. 146.

19 *Ibidem*, p. 194: "Logo compreendi que a embriaguez sem vinho nada mais é que o estado lírico, e que o instante feliz em que era tomado por esse delírio era aquele em que Dioniso me visitava".

20 GIDE, A. *Jornal 1939-1942. Op. cit.*, p. 23.

21 DUAMYET, P. *Op. cit.*, p. 36.

22 Ver também GIDE, A. *Si le grain ne meurt*, p. 202: "eu as sentia (as rimas) crescer em mim como o bater ritmado de duas asas e alçar voo".

23 *Ibidem*, p. 204.

Leitura subjetiva e ensino de literatura 75

emerge de si na leitura do texto, a "maneira pela qual se é perpassado pelo pensamento do outro e como isso transforma seu próprio pensamento".[24] Com exceção das obras que espicaçam a consciência e das quais não se consegue facilmente se desfazer,[25] é raro que alunos, tanto do ensino médio quanto do superior, analisem a transformação interior que se opera neles durante a leitura. O mais frequente é que isso ocorra à revelia, e seus comentários se limitem a um breve resumo da obra acompanhado da rápida constatação de uma transformação de sua visão de mundo.[26] Quando a construção de si pela leitura é evocada enquanto tal, isso ocorre em termos genéricos e raramente a partir de uma obra em particular. É assim que uma estudante universitária explica como após a leitura ela permanece impregnada pelo texto e percebe as metamorfoses que em surdina se produzem nela: "Tenho dificuldade para engatar num novo livro logo após ter terminado um: preciso deixar passar o tempo para que as informações obtidas e as emoções se dissipem e se ordenem, sobretudo se eu acabo de ler uma obra rica em emoções, fascinante, que me tomou por inteiro!".

Acontece, porém, que alguns alunos se refiram aos abalos que vivenciaram revelando sua perplexidade e indecisão diante de um texto que os perturba. É assim que um aluno de 1º ano fala de seu mal-estar diante da fascinação que experimentou lendo *O perfume* de Suskind, cujo personagem, Grenouille, causa-lhe horror. As questões identitárias são latentes nessa recepção que mistura prazer e desprazer, mas que as palavras transcrevem sumariamente. O estado de confusão interior, intuitivamente percebido, permanece parcialmente não formulado ou se encontra empobrecido e simplificado pelas frases que o transpõem.

---

24 *Ibidem*, p. 320.

25 Como *Le pavillon des enfants fous*, de Valérie Valère, *Lettres d'Algérie* de Philippe Bernard e Nathaniel Hersberg, *Dans la peau d'un intouchable* de Marc Boulet, *Crime e castigo* de Dostoiévski, *Moravagine* de Blaise Cendrars.

26 Como mostra este comentário de um aluno de 1º ano: "*La mort est mon métier* me ajudou muito e eu agradeço Robert Merle de me fazer avançar no meu modo de pensar, mas de um outro modo que aquele de Rudolf. Compreendi que é preciso ter caráter para se sair bem numa idade em que tudo muda: a adolescência".

Por outro lado, mais acessíveis à consciência, os fenômenos de identificação ou os laços tecidos com as personagens são experiências pelas quais se forja ou se afirma a personalidade do sujeito leitor.

Identificação, apropriação, memória

Experiência essencial, altamente reivindicada pelos alunos do ensino médio como fonte do prazer de ler, a identificação está no coração das lembranças evocadas ou analisadas pelos jovens, bem como pelos grandes leitores adultos. Enquanto P. Dumayet se pergunta sobre a natureza dos sentimentos que experimentamos pelas personagens, certo aluno de primeiro ano afirma que lê para se "encontrar por trás algumas fisionomias como um clone sentimental das personagens fictícias ou reais", para "se descobrir por intermédio da experiência do outro"; uma estudante de graduação escreve: "Os livros têm esse estranho poder de multiplicar nossa vida. Cada leitura nos abre as portas de uma existência única. Portamos milhares de identidade" (segue-se uma enumeração). A identificação não é necessariamente fusional: ela pode ser, como ocorre com frequência entre os jovens leitores, um primeiro movimento, espontâneo, involuntário; ela pode ser também uma constatação refletida, fruto de um investimento intelectual e afetivo, como mostra esse comentário que Gide fez sobre o *O processo* de Kafka: "A angústia que esse livro transpira é, por momentos, intolerável, pois como não se dizer o tempo todo: esse ser perseguido sou eu".[27] Aquilo que é sentido e vivido ecoa no coração (o corpo) e no espírito do leitor: não há leitura forte sem ser sensível.

Se a identificação constrói e alimenta a interioridade do leitor, a consciência que este tem varia segundo uma escala dupla que interfere na intensidade e no momento em que a identificação ocorre. Ela pode ser ínfima, leve, apenas aflorando, ou então plena e lúcida; ela pode ser adesão ou projeção; ela pode ser simultânea ou se suceder à leitura,

---

27 GIDE, A. *Op. cit.*, p. 80.

segundo a disposição e a experiência do leitor. Esses elementos se conjugam a cada vez de modo particular.

A forma de apropriação de um texto pode igualmente obedecer a uma ação voluntária. Sublinhar as frases, copiar um texto, aprender sobre ele, lê-lo em voz alta são gestos simples que marcam a apropriação do texto. Todos esses gestos, aparentemente banais, remetem, assim como às questões do desejo de ler, aos desafios identitários que estão no âmago das autobiografias de leitor.

Identidade literária e identidade de leitor

O gosto, suas determinações, seus modos de afirmação, são induzidos pelo gênero autobiográfico. Entre a maioria dos estudantes de ensino médio e superior, esses gostos são instáveis e ecléticos.

Os três indicadores – gostar, reler, preferir – se revelam de uma confiabilidade relativa para circunscrever os gostos literários, uma vez que estes são diversos e flutuantes. Não surpreende que os leitores em formação descubram a literatura e se espelhem nela. No ecletismo se manifesta a curiosidade ou a incerteza sobre o que eles gostam de verdade. O ecletismo é ambivalente: com frequência índice de uma indeterminação, caracteriza também as escolhas estéticas dispersas de grandes leitores, mediadores do livro.[28] Pode-se mesmo alegar que essa abertura à diversidade dos textos é um sinal de maturidade e de agudeza intelectual: assim os estudantes se separam do gênero dominante no colégio, o romance, para revelar seu gosto – não exclusivo – pelo teatro ou pela poesia; assumem também o risco de ser confrontados a obras suscetíveis de desagradá-los. Essa dispersão e essa mobilidade de interesses de leitura explicam porque dificilmente, na análise das autobiografias de leitores, se pode passar da noção de gosto (textos de que se gosta) àquela mais restrita e mais precisa de identidade literária (definição de si pela literatura).

---

28   Ver, por exemplo, a seleção feita por Bernard Pivot na sua obra: *Le métier de lire. Réponses à Pierre Nora*. Paris: Éditions Gallimard, 1990.

É no 2º ano Literário[29] que aparece de modo bem marginal a ideia de uma correlação possível entre a personalidade do leitor e certas obras consideradas "importantes", "significativas", aptas a "representá-lo", obras que "refletem sua personalidade". Na universidade, a expressão utilizada é a de universo literário e é nesse nível que se afirmam escolhas estéticas bastante precisas, as quais levam a uma relação com a escrita que é a de um leitor experiente: "Gosto do estilo apurado da escrita moderna", escreve uma estudante de graduação. "Às vezes, quanto mais a frase é curta, mais ela é carregada de sentido e de imagens. Quando o texto subentende mais do que diz, o silêncio que reina entre as palavras deixa ver um mundo para além do escrito, um mundo de branco e de ausência onde a imaginação vagueia". Essa relação com o texto é expressão de um gosto profundo, baseado na experiência literária.

Mas, entre os alunos do ensino médio, só podemos observar o nascimento de gostos de cuja permanência não temos ainda ideia. Se para uma minoria deles podemos falar de *identidade literária*, para a grande maioria, o emprego da noção é prematuro e pouco pertinente.[30] Para estes, é preferível usar a noção *identidade de leitor*, não baseada em categorias quantitativas, como grande, mediano e fraco leitor – pois tais categorias são aleatórias,[31] mas na relação com o texto no ato de ler e na retórica do leitor: maneira de ler no seu entorno, ritmo de leitura.

---

29 No currículo escolar francês, o ensino médio é composto por três anos que são nomeados de maneira decrescente: o 1º ano é denominado "segundo", o 2º ano, "primeiro" e o 3º ano, "terminal" por ser o último ano do ensino básico. A partir do "primeiro" o currículo passa a ser mais específico em função dos interesses dos alunos. O "primeiro L" implica uma dominante curricular literária.(N.T.)

30 Visto que as obras de referência com frequência são aquelas do *corpus* escolar ou do repertório juvenil, mais propícias a construir a imagem de uma comunidade (de um grupo etário) do que a favorecer a individualização.

31 Nas autobiografias de leitor, elas correspondem a uma autoavaliação necessariamente muito subjetiva.

Leitura subjetiva e ensino de literatura 79

Transformações do eu e leitura identitária

A questão da relação com o texto durante a leitura é, como vimos, muito presente nas autobiografias de leitores. Ela permite definir um jogo de cartas identitário composto de figuras emblemáticas de certos comportamentos. Esses modelos marcam um leve desvio em relação às figuras de Michel Picard por não serem fixos: em geral, eles se combinam segundo uma alquimia recomposta incessantemente em função dos textos e de parâmetros pessoais, como a motivação e a experiência. Numa pessoa, eles podem se suceder e figurar, pela passagem de um a outro ao longo da experiência, as etapas de um percurso. Eles permanecem disponíveis no presente do leitor, em função dos textos – não se lê Proust como se lê um romance policial! E pode-se gostar de um e de outro –, em função da vivência de cada um, de pulsões ou fantasmas que escapam a seu controle; esses modelos podem entrar em conflito ao longo de uma leitura.

O escapista

A primeira dessas figuras é a do escapista que vê a literatura como uma evasão de si e da realidade num tempo abolido. O ritmo da leitura é rápido, ofegante: a atenção do sujeito se localiza na intriga, em busca do desenlace. Frequentemente descrita pelos alunos de 1º ano do ensino médio, essa postura, ainda que próxima do ledor [*liseur*] de M. Picard, dele difere, uma vez que, contrariamente ao ledor, o escapista não mantém contato com a realidade.

O espectador

Muito mais frequente e particularmente representativa dos alunos de 2º ano do ensino médio, essa figura de leitor, menos preso à trama dos acontecimentos, privilegia os ecos do texto em si mesmo. Esse modo sensível de leitura é também celebrado pelos estudantes da universidade: "Espero da leitura que ela me torne realmente vivo. Leio para que as palavras me façam vibrar", escreve uma estudante de graduação. O espectador assemelha-se ao lido (*lu*) de M. Picard, uma vez que a trajetória do leitor se não é voluntária, como ele diz, ao menos é consciente: busca-se a literatura antes de mais nada para revelação da identidade, jogo consigo mesmo. O leitor esquece rapidamente o detalhe da intriga ou a essência do discurso e só se recorda da emoção experimentada.

O boêmio

O boêmio é um leitor diletante, amador, a exemplo desse estudante de graduação de letras modernas, que se descreve assim: "Eu me dedico raramente a um segundo nível de leitura que visaria a aprofundar minha análise. Eu medito, divago, devaneio diante de um livro. Em geral, não avanço na análise para além da vaga impressão geral que resta depois da leitura feita". Ligada à figura anterior, mas dela de algum modo distinta: o texto permanece pretexto, mas o descontínuo instaura uma distância em relação à matéria existencial que ele contém. O tempo é dilatado, a exemplo da leitura de fruição que R. Barthes descreve em *O prazer do texto*.

O crítico

Essa figura designa um leitor experiente, sensível aos efeitos do texto e atento a sua forma. Ele se prende aos desafios da escrita, empreende aproximações com outros textos. Essa postura de *leitante* (*lectant*) só aparece verdadeiramente entre os alunos de 2º ano e de modo ainda bastante marginal. No entanto, ela é bastante presente entre os estudantes de graduação e mestrado. Esse modo de leitura repousa na experiência e em uma "distância envolvida".[32] A exemplo do que escreve Gide, em seu *Diário*, sobre as obras que ele lê ou relê: "Eu reli uma vez mais *Cinna* com um encantamento e uma admiração extrema";[33] "Termino de reler *Werther* não sem irritação. Tinha esquecido que ele levava tanto tempo

---

32   LANGLADE, G. "Sortir du formalisme, accueillir les lecteurs réels". In: *Le français aujourd'hui*, n. 145, 2004.

33   GIDE, A. *Journal. Op. cit.*, p. 115.

Leitura subjetiva e ensino de literatura 81

para morrer. Não termina nunca e dá vontade de empurrá-lo".[34] "Releio *Polyeucte* com um desconforto que às vezes se torna intolerável. O protesto se superpõe à admiração e eu não consigo entrar no jogo da peça, é uma obrigação muito arbitrária. Que dever é esse que se confunde com uma obediência idiota?". A leitura experiente é uma leitura sensível em que as emoções do leitor dirigem e comandam as análises. Às vezes a figura do *crítico* alcança aquela do *artista*, quando o ato de leitura se faz no âmbito da consciência e da fruição de uma criação a dois, assim como analisa uma estudante de graduação: "Trata-se de um verdadeiro prazer quando conseguimos perceber vontades e desejos do autor. Cria-se então uma relação intelectual interna entre autor e leitor; o autor e o leitor veem se debater sob seus olhos os personagens que eles criaram".

É claro que esse modo de leitura está no horizonte dos estudos literários e oferece àquele que o pratica um sentimento de plenitude, a partir do momento que seu exercício regular suprime a dificuldade. Esse modo é valorizado pela instituição escolar que hierarquiza os diferentes modelos e coloca o crítico acima do escapista, do espectador e do boêmio. Essa visão é implicitamente presente em muitos discursos que estabelecem uma correlação entre essas modelizações e a idade dos leitores. Se é verdade que o *crítico* é a imagem de um leitor adulto, as outras personagens não têm idade. O *escapista* ou o *espectador* desapareceriam talvez definitivamente? Entre os sujeitos leitores que praticam regularmente a literatura, eles não se deixam ver, mas podem surgir a todo momento por ocasião de uma leitura mais interessada, e é nesse sentido que se pode falar de uma leitura identitária.

Tal fenômeno é particularmente sensível aos estudantes que evocam o conflito que ocorre neles entre o *espectador* e o *crítico*. "Apesar de meus estudos em literatura que impulsionam à análise aprofundada e objetiva, eu me envolvo muito com os textos que eu leio, deixo minha imaginação trabalhar com todas as identificações, me mostrar os lugares desconhecidos... Penso que nesse ponto permaneci uma leitora-criança", escreve uma estudante universitária, enquanto outra exprime sua nostalgia por ter perdido sua identidade de *espectador*:

---

34 *Ibidem*, p. 98.

Annie Rouxel * Gérard Langlade * Neide Luzia de Rezende

O que às vezes posso lamentar é perder na minha recepção de uma obra essa primeira atitude de leitura que desperta em nós emoções espontâneas, sensações originais, desprovidas de toda abordagem aprofundada e precisa [...] Esse estudo tornado quase instintivo e que às vezes sobrepuja sistematicamente o instinto emocional pode ser penoso. Temos vontade de colocá-lo à distância por alguns momentos.

Essas considerações convidam a refletir sobre o papel dos afetos e da subjetividade na leitura literária da forma como é ensinada da escola à universidade.

Conclusão: do lugar essencial da subjetividade

A coletânea de autobiografias de leitores mostrou que a subjetividade é essencial para a leitura. A subjetividade dá sentido à leitura. "Não creio que um texto possa sofrer ofensa em razão de uma leitura muito pessoal", diz P. Dumayet. O leitor encontra sua via singular no plural do texto,[35] e a literatura, em razão de seu jogo metafórico, lhe permite exprimir os eus diversos de que é feito.[36] Essa ideia, presente há mais de trinta anos na teoria literária,[37] parece ter permanecido sem muita incidência no ensino onde a subjetividade suscita desconfiança, o que explica a insegurança interpretativa dos alunos de ensino médio e superior, bem como dos professores em formação.[38]

Em busca senão de objetividade pelo menos de consenso, a leitura escolar, distanciada, atenta à forma, não poderia ser assimilada na maioria de seus modos de realização a uma leitura experiente, pois a leitura experiente, como vimos, não é asséptica. Indevidamente, há quem acredite que normas escolares e direitos do texto coincidam. O texto é mais liberal. Tentando preservá-lo dos delírios do sujeito leitor, o ensino

---

35   BARTHES, R. *S/Z*, Paris: Seuil, n. 70, 1970, p. 18: "Quanto ao plural do texto (...). Alguns sentidos podem ser esquecidos, mas somente se escolhemos lançar para os textos um olhar singular."

36   PICARD, M. *La lecture comme jeu*. Paris: Éditions de Minuit, 1986.

37   Conforme sobretudo ECO, U. In: *Lector in fabula* e ISER, W. *L'acte de lecture*.

38   Ver CHANFRAULT-DUCHET, M.-F. "L'insecurité interprétative dês enseignants de français". In: *Enjeux*, n. 51/52, 2001.

médio transforma a leitura em uma prática formal, descarnada, ao mesmo tempo em que busca desenvolver a sensibilidade dos alunos.

Várias pistas são abertas hoje com atividades que reivindicam uma implicação do leitor e só por esse meio ganham sentido: leitura cursiva, escrita de invenção, encontros estimulantes em torno dos livros. Essas atividades que se sustentam numa confrontação íntima do jovem leitor e do texto literário dão mais lugar à expressão da subjetividade e deveriam favorecer a emergência de gostos e de uma identidade literária.

Anexos

Autobiografias de leitores: alguns exemplos

Morgana: o infortúnio de uma leitora (aluna de 1º ano)

"A leitura representa para mim uma espécie de angústia, pois raramente senti um grande prazer em ler. O que me falta é a concentração, fico pensando em outra coisa. Eu leio, porém não leio, não escuto o que leio. Eu faço duas coisas ao mesmo tempo, eu penso e reflito sobre outra coisa e leio.

Aconteceu de uma vez eu 'devorar' um livro inteiro, ao contrário do que com muita frequência me acontece, de abandonar o livro, pois não sentia nenhum interesse pela leitura. Esse livro é *Blé en herbe* de Colette. Ele me deu a sensação de fugir da realidade mesmo estando em outra realidade totalmente diferente da minha. Também li e apreciei alguns poemas de Prévert como 'Barbara'. Eu adorei esse poema e continuo adorando, até digitei no computador e preguei no meu quarto, o que me permite não esquecê-lo, pois sempre o leio.

Hoje eu gostaria de poder ler para enriquecer e desenvolver meus conhecimentos".

Fanny: "Le mal de lire" (aluna de 2º ano Literário)

"Minha biografia de leitora só pode ser simples, pois 'minhas leituras' são feitas em duas etapas.

Quando pequena (até mais ou menos 14 anos), eu me recusava a ler, certamente decepcionada pela minha aprendizagem. Minhas leituras de menina se limitaram ao livro de leitura da escola primária. Nessa época, me forçavam a ler, além do mais, me forçavam a ler coisas das quais eu não extraía nenhum prazer; eu não gostava de ler, eu me recusava a ler. Minha mãe, contudo, fazia esforço, lia histórias para mim à noite me incentivando a ler com ela. Mas o meu primeiro verão na escola passou sem que meus olhos roçassem uma única frase de livro, mas o segundo foi decisivo. Minha professora não se deixou levar pelo meu rechaço à leitura e não me largou. O que acentuou o meu rechaço à leitura. Minha vida continuou, encadeando leituras incompreendidas, forçadas, e meu sofrimento aumentou. Na 6ª série pediram que eu lesse um livro inteiro sozinha; era *Cabot-caboche* de Daniel Pennac. Fiquei surpresa e meu medo era enorme, um livro de 200 páginas, nunca poderia imaginar ler um livro inteiro, sozinha. Foi assim que a maioria de minhas leituras do fundamental ficou inacabada; meu sofrimento começava a me criar armadilhas, eu lia mais lentamente que os outros, os prazos de leitura eram muito curtos.

No primeiro ano do ensino médio veio *L'ami retrouvé* de Fred Uhlman. O primeiro livro de leitura cursiva que eu consegui terminar; deu o clique. No entanto, quando o olho hoje, ele me parece bem pequeno. Mas foi depois desse dia que eu passei a gostar de ler, que me deu vontade de ler. Minha incompreensão dessa arte naquela época me prejudicou. Era incompetente para ler rápido e bem, minhas leituras tomavam muito tempo e, por causa disso, eram poucas. Mas depois muitos livros me ajudaram a melhorar meu nível de leitura, principalmente o livro de Dai Sijie *Balzac et la petite tailleuse chinoise* que me fascinou e li em pouquíssimo tempo. Na noite em que terminei de lê-lo me deitei muito tarde; era um domingo à noite, uma hora da madrugada e me restavam ainda cerca de 30 páginas para ler, mas eu não conseguia parar, estava enfeitiçada. Mas foi ainda pior quando eu terminei, não consigo nem descrever os meus sentimentos daquele instante. Tinha lágrimas nos olhos... terminar um livro, foi esse o meu prazer."

Elisa (Graduação em Letras Clássicas)

"Eu faço parte daqueles que, crianças, tinham outras preocupações que não a leitura. Contudo, fui obrigada a ler por imposição dos meus pais, convencidos de seu benefício. Assim, em geral, o livro que eu fazia de conta ter em mãos na hora do tradicional 'boa noite' só era um objeto que, aberto em qualquer página, me permitia evitar as broncas dos pais...

Logo, à força de me ver confrontada à tradicional questão 'o que você está lendo agora?', acabei lendo efetivamente esses 'livros-objetos'.

Penso que essa anedota está na origem de meu atual perfil de leitora: os livros não são vitais para mim; se eles me ensinam e me comunicam a vida, a vida é, acredito, outra coisa.

Eu poderia, suponho, passar um mês sem abrir um livro, se bem que eu não me lembro de já tê-lo feito.

Parece que, pelo fato de ler, associo sempre – em diferentes graus, claro – a ideia de certa imposição exterior, às vezes pouco perceptível. Eu fico arrasada de sentir certa culpa quando leio um 'policial', que não seria suficientemente literário, nem muito 'enriquecedor' culturalmente, antes, escolarmente. Eu sou uma leitora em parte escolar, dimensão que pertence a essas obrigações que eu disse antes. Tampouco não é raro que eu escolha um livro reconhecido na literatura e que me pode servir por ocasião de uma monografia, por exemplo.

Eu tenho a impressão de que, para mim, ler se conjuga na maior parte do tempo com o verbo 'dever'. 'Deve-se ler', então leio; e eu compreendo perfeitamente e admito essa necessidade, mas me parece, e o fato de não ter essa necessidade me entristece, que ela não está integrada no círculo das minhas necessidades vitais, individuais. Admiro as pessoas conhecidas que passam tardes inteiras imersas na leitura, eu queria ser assim, mas sou incapaz.

Entretanto, ler é para mim um verdadeiro prazer, tenho, claro, autores 'adorados', páginas grifadas a lápis na minha estante, passagens sublinhadas, copiadas. Sou sensível ao que leio – a primeira parte de meu autorretrato faz pensar que eu só tenho acesso ao livro racionalmente – tenho a mesma relação com os livros que tenho com a pintura, com a escultura, numa palavra, com a arte. Eu gosto do livro que me fala e me emociona, o livro onde compreendo o que é dito, por meio da minha sensibilidade: gosto do livro que fala para mim, que diz o que eu não saberia dizer, aquilo que vivencio sem mesmo às vezes me dar conta. Assim, sou uma leitora em expectativa: espero a frase que me parecerá como uma luz, uma revelação. O livro, a obra onde eu tenho talvez mais prazer é consequentemente a de Proust, o *Em busca*: nunca me decepcionei, minha expectativa está sempre em suspenso nessas longas descrições que às vezes me entediam, mas que eu leio à espera de uma pequena, mínima frase que fale para mim, que fale de mim."

Sophie (Graduação em Letras Modernas)

"Os livros que me tocam mais são aqueles que transmitem emoções intensas. Gosto do estilo depurado da escrita moderna. Às vezes, quanto mais a frase é curta, mais ela é carregada de sentido e de imagens. Quando o texto subentende mais do que diz, o silêncio que reina entre as palavras deixa ver um mundo para além do escrito, um mundo de branco e de ausência onde a imaginação vagueia. Eu me deixo levar pelas palavras como quando o corpo é tomado pelas drogas. Deixo para a escrita o trabalho de me liberar das correntes desse mundo. Os livros têm esse poder estranho de diminuir o ritmo da nossa vida. Cada leitura nos abre a porta para uma existência única. Nós carregamos milhares de identidades: aquela de uma jovem apaixonada como Emma Bovary, aquela de uma pianista incrivelmente capaz durante a Segunda Guerra Mundial como Wladyslow Szpilman, aquela de uma criança que afirma com uma voz trêmula que um dia ela será escritora… Nós nos tornamos aquilo que diz o livro, nós nos tornamos uma palavra, um sorriso, uma lágrima. Eu espero da leitura que ela me torne realmente viva. Leio para que as palavras me façam vibrar. Para que elas deslizem em mim como milhares de estrelas."

Caroline (Mestrado em Letras Modernas
em Literatura e ensino) – excerto

"Enfim, o que às vezes lamento é de perder na minha recepção de uma obra essa primeira atitude de leitura que desperta em nós emoções espontâneas, sensações originais, desprovidas de todo procedimento analítico aprofundado e objetivo. Para ser explícita, vou tomar como exemplo a situação do espectador diante de uma peça de teatro. Todas as primeiras obras encenadas, a cuja representação se assiste, são mágicas, e a ilusão é impactante já que o espectador instaura uma distância bem menor que o espectador iniciado, experiente. Se o espectador tem conhecimentos aprofundados sobre a encenação, a cenografia, a intenção, ele encontra dificuldades para se desvencilhar de sua visão analítica da representação: ele estuda o cenário, a iluminação, o figurino e perde essa primeira sensação global da cena e dos atores. Lamento às vezes ter perdido essa impressão 'primitiva' ou ingênua de uma representação. O mesmo acontece com a leitura. Por exemplo, analisamos conscientemente durante a leitura os procedimentos narratológicos utilizados. Esse estudo quase instintivo e que às vezes sobrepuja sistematicamente o instinto emocional original, pode também ser ruim. Dá vontade de se afastar dele por alguns momentos."

LES MOI VOLATILS DES GUERRES PERDUES: A LEITURA, CONSTRUÇÃO OU DESCONSTRUÇÃO DO SUJEITO?

Catherine Mazauric
(Tradução: Gabriela Rodella de Oliveira)

A leitura literária é, em geral, fortemente associada à construção da identidade, e esta é por sua vez percebida como um dos benefícios daquela: ler a literatura contribuiria assim positivamente para a estruturação da personalidade. Sabe-se que nem sempre foi assim, e que, principalmente no que diz respeito ao romance, diversas vezes foi acusada de contribuir para a diluição da própria personalidade, para sua dispersão, para a perda e alienação do sujeito. Hoje, a instituição escolar tende a legitimar apenas uma forma de leitura, a distanciada – senão *erudita*, pelo menos, consciente e racional: sempre atividade de construção de conhecimentos, de saberes, de competências, de uma cultura, de um sujeito através de tudo isso. Ora, se lemos, é também pelo desejo de nos tornarmos um outro, de nos desfazermos, muito mais do que nos fazermos, para nos perdermos e não para nos encontrarmos.

É particularmente o caso das leituras de infância e de adolescência, justamente as que os adultos gostariam que fossem construtivas e construtoras, sendo a "construção" o horizonte desejável de toda atividade educativa. Essa ideologia edificante, além de desconhecer uma grande parte da atividade do sujeito na leitura, poderia igualmente se revelar repleta de perigos. Não nos esqueçamos, primeiro, de que toda ideia de construção da pessoa nos reenvia a uma concepção do sujeito histórica e geograficamente marcada: "a ideia da construção de um sujeito é obscena na Índia", nota Catherine

Clément, de maneira deliberadamente redutora e provocativa.[1] A divisão entre o que diz respeito à identidade pessoal e à identidade coletiva não é claramente estabelecida, portanto, mesmo que a primeira só ocorra dentro de uma articulação com a segunda, o perigo é ver, no que diz respeito à última, toda forma de "construção". Os desafios ultrapassam aqui largamente aqueles que se referem unicamente à aprendizagem da leitura: de imediato, trata-se de formar cidadãos, e nada garante que o recurso mágico aos valores de tolerância e de partilha seja suficiente para canalizar essa aprendizagem, voltada cada vez mais às lógicas e discursos identitários, que não se referem apenas a "comunidades" para "integrar". Ou seja, a noção de construção identitária, frequentemente utilizada nos discursos sobre a leitura, parece-nos pedir uma desconstrução, para a qual a leitura constituiria justamente um lugar privilegiado.

Certos textos parecem prestar-se particularmente a isso. Trata-se de contos e romances africanos muito recentes – a maioria escrita em francês, com apenas uma exceção, um texto traduzido de um "inglês corrompido". O ponto em comum desses textos é a abordagem – em conflitos que facilitadamente nos contentamos em etiquetar como "étnicos" e que Ahmadou Kourouma designa como "guerras tribais" dos "negros da África" – das crianças, de todos os jovens ou ainda dos adolescentes, vistos assustadoramente muito mais como predadores do que vítimas. Proporemos aqui uma introdução à leitura desses textos em classes de ensino médio na França, a partir de uma primeira premissa: abordá-los não a partir do gueto de uma literatura periférica, mas simplesmente como textos relevantes da literatura em geral, o que já contribui para colocar de outra forma a questão da identidade e da alteridade. Em segundo lugar – e é aí que aproveito o belo título do romance de Ghassan Fawaz, *Les moi volatils des guerres perdues*[2] [*Os eus voláteis das guerras perdidas*] –, gostaria de sublinhar que essas ficções guerreiras são justamente ficções identitárias porque tratam de guerras civis ou "tribais", nas quais se dá a ler a produção da identidade segundo um mecanismo análogo àquele pelo qual o sujeito, na leitura, se perde e se

---

1   CLÉMENT, C.; NATHAN T. *Le divan et le grigri*. Paris: Odile Jacob, 2002, p. 306.

2   FAWAZ, G. *Les moi volatils des guerres perdues*. Paris: Seuil, 1996.

descobre: produzir o Mesmo pressupõe inventar o Outro, e a produção de si só acontece quando se pode renunciar a si mesmo.

A leitura, um trabalho identitário

A leitura passa, então, por um lugar de construção da identidade pessoal. O romance, em especial, ofereceria um espelho onde cada um pode se conhecer e elaborar sua individualidade pelo viés de situações e de personagens de ficção que permitem diversas formas de identificação. Além disso, como sublinhou Nathalie Heinich,[3] ele se presta ainda mais à observação de fenômenos identitários descritos em estado de crise. A identidade tem de fato isso de paradoxal, ela não pode ser apreendida fora dessas mesmas situações: só ganha existência nas mentes se instaurar um problema e, como sabemos, é esse o caso no espaço público hoje.

Entretanto, nenhuma forma de identidade, nem mesmo a identidade pessoal, é concebida sem uma relação com o outro e com o mundo. Ora, o romance remete justamente a um espaço ao mesmo tempo único e compartilhado de representações, que permite não se limitar, para a observação de fenômenos identitários, unicamente a seus aspectos referenciais e miméticos. De fato, a leitura de narrativas de ficção é precisamente um campo intermediário entre a interioridade do sujeito e o texto, pelo qual se imiscui a alteridade, onde a identidade se fabrica. Desse ponto de vista falar de "tête-à-texte" se mostra enganador: assim como não há texto sem leitor, não há sujeito antes da leitura, cuja identidade seria construída e acabada, a qual apenas se confrontaria e até se confortaria numa espécie de "diálogo". Como escreve Nathalie Heinich, "ainda que advinda de uma experiência muito íntima, a construção da identidade não é uma ação solitária, que remeteria o sujeito a si próprio: ela é uma interação, que coloca em relação um sujeito com outros sujeitos, com grupos, com instituições, com corpos, com objetos, com palavras".[4] Tendo em vista a maioria daqueles que, notadamente em antropologia, refletem sobre a questão da identidade, tomaremos esta,

---

3   Ver *États de femme*. Paris: Gallimard, 1996.

4   *Op. cit.*, p. 333.

portanto, não como um dado ou o resultado desejável de uma "construção", mas como um processo permanente, um trabalho plural e jamais solitário justamente denominado "trabalho identitário", complexo e delicado, sobretudo porque se trata ao mesmo tempo de se identificar (ao semelhante que é outro) e de se diferenciar (do excessivamente semelhante, para se tornar outro). O que é dito aqui sobre a fabricação da identidade poderia ser retomado, com palavras idênticas, para a leitura e a fabricação de leitores. A analogia de tais processos é de fato extremamente forte: cada um se desenrola de maneira similar, em um mesmo lugar, zona fronteiriça entre solidão e socialização, onde interioridade e exterioridade, intimidade e alteridade se cruzam, se confrontam ou às vezes se confundem, afetando-se e modelando-se mutuamente. Acrescentaremos, enfim, que encarar a leitura como um lugar de uma elaboração identitária, e portanto como uma interação, parece-nos particularmente útil em se tratando de didática da leitura literária, à medida que esta precisa levar em conta justamente o que se sobressai às prescrições do texto, aos percursos do leitor na ficção e na língua, às múltiplas posturas que ele pode adotar, aos trajetos coletivos de um grupo-classe e à mediação de um professor, ele também sujeito leitor em busca de sua satisfação na forma de identidades múltiplas (pessoal, profissional etc.).

No cerne dessa elaboração, encontra-se a identificação que, como se sabe, é uma das consequências essenciais da leitura, com a qual, entretanto, a leitura escolar não sabe muito o que fazer, deixando-a à soleira da porta para vê-la voltar pela janela, e tornando-se obstáculo para uma leitura distanciada e analítica. A essa forma maior de ilusão referencial que é a identificação a personagens de ficção, acrescentaremos a ilusão referencial enquanto tal, particularmente provocada por certos textos (que nos remetem a uma atualidade cujas mídias constroem o que nada mais é do que outra forma de representação). Procurar de antemão desvencilhá-la pode não ser a melhor maneira de levar os leitores adolescentes a se soltarem de suas amarras. Sairíamos sem dúvida ganhando se não soterrássemos uma forma de leitura sob uma outra e se não pressupuséssemos o caráter antinômico de dois regimes de leitura (leitura ingênua e envolvida/leitura experiente e distanciada). Certos

Leitura subjetiva e ensino de literatura   93

textos, sem dúvida, se prestam a isso mais que outros: aqueles que Vincent Jouve afirma implicar uma "divisão" do leitor.[5] Essa feliz expressão é empregada a propósito de *Madame Bovary*, e vê-se bem o que isso tem a ver com a condenação de uma leitura identificatória. No entanto, as experiências de leitura mais produtivas são certamente aquelas que implicam essa "divisão", analisadas por Jouve como o resultado de uma discordância entre os diferentes códigos do texto, narrativo, afetivo e cultural (ou ético). Elas são de fato portadoras de uma ambivalência, podendo ir, além de uma simples clivagem normativa, até um verdadeiro questionamento das representações do sujeito, motor do trabalho identitário. Por vezes levado a "se envolver naquilo de que ele não gosta",[6] a se identificar mesmo questionando as decorrências dessa identificação, cada leitor é assim conduzido a uma reestruturação de suas representações e a uma reavaliação de sua relação com o mundo e com os outros, que formam precisamente o cerne desse trabalho identitário efetuado segundo as três modalidades: a da designação, a da representação e a da autopercepção. Trabalho de "ajuste entre os momentos pessoais", segundo uma nova fórmula de Nathalie Heinich a propósito da identidade, mas que se revela aqui próprio do trabalho de leitura, em um movimento de retorno, a si e ao outro, em direção a si através do outro, em direção ao outro através de si. Situamo-nos aqui na interface do "leitor-modelo" e dos leitores empíricos, cujas experiências mostram-se de fato condicionadas pelas ocorrências dentro do texto, mas que continuam a se desenvolver segundo linhas de fuga imprevisíveis e singulares.

Para continuar a exploração dessas questões, abordaremos agora algumas representações do jogo de construção identitária nos romances que mencionamos antes, para discutir em seguida o trabalho identitário do leitor em sua relação com essas personagens flutuantes tal relação é especialmente determinada pelas discordâncias entre adesão e interpretação, não em sua sucessão (eu sou tanto um leitor imerso na ficção, prisioneiro de

---

5   In: *La poétique du roman*. Paris: Armand Colin, 2001, p. 117-118.

6   In: *L'effet-personnage dans le roman*. Paris: Presses Universitaires de France, 1992, p. 123.

minhas identificações, como um leitor crítico, analisando, por exemplo, os procedimentos pelos quais a narrativa me captura), mas em uma simultaneidade portadora de recomposições identitárias.

Representações ficcionais do jogo identitário

Como dissemos, a identificação de um leitor ou de uma leitora com as personagens de uma narrativa de ficção junto com sentimentos que ele ou ela experimentam constitui uma das formas – a mais intensa, no caso – da ilusão referencial. Quanto mais a ancoragem referencial da narrativa se fizer presente, mais a ilusão referencial é requerida. É o caso dos textos dos quais nos ocupamos aqui, e será fácil para um professor confrontar o universo a que remete cada um desses romances ou contos à história imediata e recente do mundo, mais precisamente da África, tal qual ela aparece na televisão, nos documentários, nos jornais etc.: uma Costa do Marfim ainda pacífica, a Libéria e a Serra Leoa em *Allah n'est pas obligé*, de Ahmadou Kourouma,[7] a guerra civil no Congo em *Johnny chien méchant* (Emmanuel Boundzéki Dongala)[8] e *Les petits-fils nègres de Vercingétorix* (Alain Mabanckou),[9] a Nigéria em *Sozaboy (Pétit Minitaire)* de Ken Saro-Wiwa[10] (sabe-se que esse último pagou então com sua vida a oposição ao regime autoritário), o massacre de Yopougon[11] no conto de Mande Alpha Diarra, "Yopougon blues",[12] a costa da África em *Transit* (história de uma substituição de identidade), *Pepsi contre Coca*, de Abdourahman A. Waberi,[13] e o genocídio ruandense em *L'aîne des orphelins*, de Tierno Monenembo.[14] Um paratexto autoral

---

7   KOUROUMA, A. *Allah n'est pas obligé*. Paris: Seuil, 2000.

8   DONGALA, E. B. *Johnny chien méchant*. Roubaix: Le serpent à plumes, 2002.

9   MABANCKOU, A. *Les petits-fils nègres de Vercingétorix*. Roubaix: Le serpent à plumes, 2002.

10   SARO-WINA, K. *Sozaboy – Pétit minitaire*. Arles: Actes Sud, 1998.

11   Acontecimento que precedeu o conflito marfinense atual, e cujo processo ocorreu em Abidjan, em 2003.

12   DIARRA, A. M. "Yopougon blues ou Le silence des marais". In: *Nouvelles voix d'Afrique*. Paris: Hoëbeke, 2002, p. 65-84.

13   WABERI, A. A. "Pepsi contre Coca". Roubaix: Starck/Le serpent à plumes, 1998; *Transit*. Paris: Gallimard, 2003.

14   MONENEMBO, T. *L'aîné des orphelins*. Paris: Seuil, 2000.

Leitura subjetiva e ensino de literatura

abundante e inequívoco convida igualmente a ler essas narrativas tendo em conta o real que elas transpõem: Emmanuel Dongola lembra que dentre as populações sem rumo que vagam pelas estradas, e que no Ocidente vemos desfilar anonimamente nas telas, há também "os Mozart que assassinamos". Quanto a Tierno Monenembo, coloca como epígrafe de seu romance esse lembrete: "Se o genocídio ruandense é irrefutável, as situações e as personagens desse romance são ficcionais na maior parte".

Do mesmo modo do que se passa frequentemente na literatura para jovens, e mesmo que nenhum desses textos tenha sido publicado em uma coleção específica, as personagens principais, na maior parte das vezes também narradores, são em sua grande maioria crianças ou adolescentes, e todos partilham aqui o destino comum da guerra, da qual são vítimas mas também atores em tempo integral. Se os adolescentes manifestam um interesse evidente por tais narrativas, já que o Goncourt des Lycéens [prêmio Goncourt dos alunos de ensino médio] foi atribuído a *Allah n'est pas obligé* [*Alá não é obrigado*], mensuramos a que ponto, no entanto, tais narrativas podem se mostrar incômodas. Ao mesmo tempo em que elas interrogam os jovens leitores, meninos ou meninas, daqui ou de lá, em sua relação com Eros e Thanatos, com a vida e com a morte, questionam também os leitores adultos (os professores, claro, entram no pacote) sobre suas representações da infância e da adolescência, sobre a relação que eles mantêm com sua própria juventude e com os adolescentes com que se defrontam. Isso é feito colocando em cena crianças na guerra e em guerra, bem como adolescentes mergulhados em crises identitárias, de tal modo que o carnaval sangrento ao qual eles se entregam manifesta justamente a violência do imaginário ao mergulhar no real, sem nenhuma mediação. Ghassan Fawaz, cujo romance trata da guerra do Líbano, lembra como, na guerra civil – onde "cada um é seu próprio general, sua própria trupe, sua própria razão de existir", porque "de todas as guerras, é ela que libera mais totalmente os *eus*" – aparecia a liberdade selvagem dos *Eus voláteis*. Ele dizia mais recentemente,[15] sobre seu segundo romance, *Sous le ciel d'Occident* [*Sob o céu do ocidente*] que a nostalgia da cidade natal (Beirute) experimentada pelas duas personagens prin-

---

15   À época do Salão de Literatura Francófona de Balma, em abr. 2003.

cipais não era em nada uma nostalgia clássica de exilados, uma nostalgia identitária, mas sim realmente aquela da guerra e da liberdade radical que ela lhes havia oferecido. Ora, essa onipotência ilusória ao mesmo tempo que condena as personagens – pela ausência de renúncia ao imaginário que ela provoca – a permanecer sem consistência, na dispersão, na errância, também as leva à flutuação de uma identidade "[mudando] ao sabor do vento", segundo a expressão de Tanella Boni.[16]

Cada sujeito, escreve ainda Nathalie Heinich, baseada na tripartição lacaniana das instâncias, tem como tarefa "assumir a responsabilidade simbólica dos *lugares*, a adaptação à *situação* real e o deslocamento no universo imaginário dos *papéis* possíveis".[17] Assim, a situação é ancorada no real e determinada por um conjunto de parâmetros espaço-temporais, enquanto o papel extrai o essencial de seus recursos do imaginário (o qual se nutre de um patrimônio comum, elaborado, em grande parte, a partir de ficções literárias ou audiovisuais), e, por fim, o lugar, que resulta do simbólico. Ora, é a ordem deste último que a guerra subverte, quando não torna simplesmente caduca sua mediação. No universo ficcional de nossos romances, são exatamente esses lugares simbólicos que são redistribuídos, o da criança e de seus pais, dos jovens e dos adultos; do mesmo modo os papéis sexuais são igualmente subvertidos, e há aqueles que não cessam de se mirar nos papéis que inventam para si mesmos.

A situação das personagens é determinada primeiro, evidentemente, em função da idade. À exceção dos protagonistas de *Yopougon blues*, de *Petits-fils nègres de Vercingétorix* e de *Transit*, as outras são crianças ou adolescentes. "Tenho dez, doze anos", proclama Birahima. Faustin Nsenghimana, que fala de dentro do setor dos condenados à morte da prisão de Kigali, tem quinze anos quando narra, e "[acabava] de fazer dez anos para nada" na época do genocídio. As outras crianças, algumas "não muito mais altas que o cassetete de um oficial", para os quais Birahima compõe expeditamente as

---

16   "Vivre, apprendre, comprendre", *Notre Libraire* n. 144, *La question des savoirs*, abr.-jun. 2001, p. 8 (Poeta e romancista, Tanella Boni ensina filosofia na Universidade de Cocody, em Abidjan).

17   *Op. cit.*, p. 332.

orações fúnebres, não têm mais que sete ou oito anos. Por outro lado, Mènè (*Sozaboy*) é um adolescente de quinze anos, assim como Johnny (*Johnny chien méchant*), enquanto Laokolé, cuja voz serve de contraponto à dele, é uma jovem de dezesseis anos.

Um outro traço característico comum a várias dessas personagens, e que remete ao mesmo tempo a uma situação e a um lugar simbólico, é constituído pelo fato de que a guerra as leva a ocupar o lugar parental, a se tornarem pais de seus próprios pais. É o caso especialmente de Birahima (*Allah n'est pas obligé*), de Faustin Nseghimana (*L'aîne des orphelins*) e de Laokolé (*Johnny chien méchant*). Por outro lado, nada se sabe sobre a família de Johnny, o protagonista desse último romance, o que reforça o caráter selvagem de uma personagem sem amarras, designada já no título como "cão bravo" e, mais tarde, como um "animal cruel". A "guerra tribal" redistribui os lugares de homens e de animais, levando a interrogar sobre o que é o humano, e a leitura tanto de *Johnny chien méchant* quanto de *Allah n'est pas obligé* leva a subscrever a opinião do pequeno Birahima, segundo o qual, afinal de contas, "os animais selvagens vivem melhor que os homens".[18]

No entanto, a primeira ancoragem desse "trabalho de ajuste dos momentos de si mesmo", que é o trabalho identitário, reside evidentemente no nome, quer se trate do nome próprio, do "nome de guerra", do apelido atribuído a certas personagens, ou ainda do etnônimo, determinante para o destino de cada um num contexto de conflito étnico; sinônimo, no caso, de condenação à morte para os heróis do conto *Yopougon blues*. Numerosas personagens de nosso *corpus* estão em luta com o nome, os nomes, seus nomes, dando testemunho assim de sua imersão dentro do imaginário e da flutuação identitária que disso resulta. O percurso de Johnny é deste ponto de vista particularmente significativo: os capítulos nos quais ele toma a palavra trazem em subtítulos os diferentes pseudônimos com que ele se traveste ("Johnny" não sendo evidentemente tampouco um nome de batismo, a personagem epônima permanece de fato sem nome próprio). Para esses seres sem consistência,

---

18   *Op. cit.,* p. 96.

o nome é de uma importância extrema; o grupo de combatentes dirigido por Johnny passa longos momentos decidindo qual será o seu, desde os "nomes idiotas" originários das séries televisivas (sabemos, no entanto, que foram esses que os grupos de combatentes congolenses efetivamente se deram) até os ídolos de equipes de futebol. Cada combatente possui seu nome de guerra, manifestando uma mudança de estatuto que é também uma mudança de natureza. Os "inimigos" são tanto os "tchetchenos", como os "espiões israelenses", além disso eventualmente "formados por palestinos", e acontece de serem "mais *sioux* que os tchetchenos". Isso constitui certamente um elemento romanesco cômico e um indício da ignorância nutrida por fragmentos televisivos, nos quais aparecem personagens analfabetas ou semianalfabetas. Mas é também, como sublinharam observadores, o sintoma irônico de uma globalização retornando suas imagens ao remetente.[19] Ao poder do nome se associa igualmente uma potência mágica. Como proclama Johnny, "um nome não é apenas um nome. Um nome traz em si uma potência escondida... Um nome não é jamais inocente". Se alguns nomes se mostram mortíferos, o romance termina, no entanto, com a oferenda de um nome verdadeiramente simbólico, extraído do patrimônio de uma memória e não do espelhamento artificial do imaginário midiático.

A roupa, que enfeita, mascara e desvela ao mesmo tempo, é um outro instrumento do "trabalho de ajuste identitário". Uma roupa acarreta a confusão de identidade na base da intriga trágica de *Yopougon blues*. Os jovens milicianos são muito ciosos de seu traje de guerra. O vestuário testemunha também a mistura das categorias de gêneros que a guerra produz: personagens rabelaisianas, como Irmã Gabrielle Aminata; moças vítimas e guerreiras, em *Allah n'est pas obligé*; Johnny, lidando por meio do estupro com a angústia provocada nele pelo feminino. Desfigurada, reduzida finalmente a um corpo nu e sofredor, Laokolé, garota que traz em si o sonho de seu pai (um pedreiro!), permanece, entretanto, a única a se tornar sujeito nesta sinistra galeria de crianças crescidas muito depressa.

---

19 Ver MARTIN-GRANEL, N., "Sartre au Congo", *Les temps modernes* n. 620-621, ago.-nov. 2002, p. 483, e AMSELLE, J.-L. *Branchements – Anthropologie de l'universalité des cultures*. Paris: Flammarion, 2001, p. 229.

Um último índice desse nó generalizado é fornecido pelo lugar dos livros e da leitura dentro do universo das personagens. São três narradores semianalfabetos, abraçando a causa da guerra porque são fascinados por um "inglês podre" ou por "palavrões" em ruptura com sua própria linguagem; Birahima compõe sua narrativa com a ajuda de quatro dicionários. Laokolé lembra-se de que "um livro pode fazer você se esquecer da morte", quando Johnny coleciona os livros pilhados. E quando ele perece ao final pelo Livro (uma Bíblia tornada uma arma na mão de sua vítima), ele conclui com lógica: "Sempre me disseram para desconfiar das mulheres e dos livros!".

Da divisão aos eus voláteis do leitor

Constituindo uma espécie de subgênero do clássico "romance de guerra", esses textos obrigam, como em *Johnny chien méchant*, a não colocar entre parênteses a "função social primária", aquela de se abrir ao outro e à experiência do mundo pelo viés da emoção e do julgamento, função que, como lembrava Jauss, está na base de toda experiência estética autêntica – a qual, por sua dependência do imaginário, repousa numa necessária ambivalência.[20] Ora, é justamente essa ambivalência que pode levar o leitor a tecer seu envolvimento, no e pelo texto e com suas personagens, com distância crítica. Então, se esses textos remetem a um real terrivelmente real – que as mídias, por seu lado, fixaram em uma realidade espetacular e estereotipada, aquela do "conflito étnico" –, eles não deveriam necessariamente por isso levar à miragem de uma leitura falsamente documentária, "quase pragmática", a qual, como diz Karlheinz Stierle, apenas apaga a ficcionalidade do texto em prol de outra coisa, que não é o real, mas uma ilusão produzida pelo leitor a partir de seu próprio repertório de estereótipos. Sua leitura deveria sobretudo levar os alunos a perceber em que medida "isso que a ficção representa não é a realidade, mas a possibilidade de organizar a experiência".[21]

---

20 JAUSS, H.-R. *Pour une esthétique de la réception*. Paris: Gallimard, 1978, p. 161.

21 STIERLE, K. "Réception et ficction", *Poétique* n. 39, set. 1979, p. 311.

Do mesmo modo que os romances de guerra "clássicos", essas narrativas mostram a guerra por intermédio de uma consciência singular, consciência não englobante, que expõe os acontecimentos de maneira parcelada e fragmentada. Narradores e personagens permanecem, como a personagem dostoievskiana segundo Bakhtin, "expostos" e inacabados. É essa exposição que ao mesmo tempo leva à aproximação afetiva e obriga a uma tomada de distância. A distorção entre uma identificação espontânea do leitor com as personagens, de uma parte, e a incompreensão, a antipatia e a reprovação moral que suas posições ou suas ações inspiram, de outra parte, pedem igualmente uma leitura complexa. Poucas aparecem claramente como inocentes e vítimas, e apenas uma (Laokolé) conserva sua lucidez. A maior parte das outras perderam tanto a noção do bem e do mal, o sentido do real e uma apreensão justa delas mesmas. O dispositivo romanesco não cessa assim de confrontar os elementos miméticos aos discursos das personagens, obrigando o leitor a constantes reajustes e reavaliações de sua adesão. Esse é particularmente o caso de *L'aîné des orphelins* e de *Johnny chien méchant*. Se especialmente o primeiro desses dois romances consegue preservar a ambivalência e, portanto, o interesse de sua personagem principal, não acontece o mesmo com Birahima, de *Allah n'est pas obligé*, cuja inocência o autor sem dúvida procurou muito garantir. Um didatismo demasiadamente voltado para o público francês priva a personagem de uma verdadeira espessura. Frequentemente reduzido, apesar de algumas tramoias maliciosas, o porta-voz transparente do autor implicado, simples pretexto para uma visita guiada a diferentes campos, Birahima se presta muito pouco a fenômenos de identificação do leitor. À parte isso, paradoxalmente, entretanto, ele permanece, configurado na ficção, como o digno representante de "Sua Majestade, o Eu", virgem de todos os horrores, comprovando desse ponto de vista tanto a afirmação de Michel Picard, segundo o qual a morte, no romance, "é sempre metafórica",[22] como a advertência de *L'aîné des orphelins*: "A dor do outro é suportável". Perguntamo-nos, enfim, que força de cumplicidade surda pode suscitar um Johnny, decerto caricatural para um leitor adulto, mas que adere aos modelos planetarizados bastante dissemi-

---

22 In: *La littérature et la mort*. Paris: Presses Universitaires de France, 1995, p. 15.

nados entre os adolescentes. Jauss igualmente mostrou, em se tratando de identificação, que as normas de comportamento podem se mostrar tanto regressivas quanto progressivas. Além disso, uma simples tomada de distância, analítica, crítica ou irônica, não é suficiente, a partir do momento que ela abole a relação necessária da obra com o mundo e acarreta um desvio por meio "do horror, do tédio ou da indiferença".[23]

Tais textos convidam, assim, a não encarar a leitura participante como um perigo, alteração de interpretação crítica ou alienação do sujeito. Fundada numa projeção do leitor para fora de si mesmo e numa introjeção conjunta dos objetos representados, ela constitui sobretudo um lugar de onde se desprendem, nesse duplo movimento, ficções de si mesmo. Portanto, ao alterar o texto e ao colocar em jogo minhas identidades tenho, por outro lado, a chance de ser alterado por ele, de aprender a desconfiar do sentimento de minha própria unicidade, de me interrogar sobre o interesse turvo que me prende à sua leitura (eu me violento ao ler certos livros e, ainda assim, eu os leio), de compreender que eu sou uma leitora ou um leitor cindido, de colocar em questão, em suma, "esse 'nós mesmos', seguro de si mesmo e opaco...que se revela como um estranho país de fronteiras e de alteridades incessantemente construídas e desconstruídas".[24]

---

23   *Op. cit.*, p. 167.

24   KRISTEVA, J. *Étrangers à nous-mêmes*. Paris: Gallimard, 1991, p. 283.

DA CRÍTICA DE ADMIRAÇÃO À LEITURA "SCRIPTÍVEL"

Violaine Houdart-Mérot
(Tradução: Leonaldo Batista dos Santos)

A admiração ocupou antigamente um lugar de destaque na leitura escolar de obras literárias. Que lugar ela ocupa hoje? Em que medida ela coloca obstáculos aos direitos do leitor, à sua liberdade de julgamento e de interpretação? Como repensar hoje a "primeira das paixões" e torná-la uma paixão fecunda, dando o devido espaço para o tema?

Crítica da admiração e cultura do comentário

A pedagogia da admiração

O que predominou no ensino literário e em particular no ensino médio, no início do século XX, foi o que poderíamos chamar de "pedagogia da admiração".[1] Aprender a ler um texto literário no ensino médio, até os anos 1960, era aprender a admirar, tanto no plano estético quanto no moral. O objetivo do ensino literário que se realiza na França no final do século XIX (os documentos oficiais dizem-no com clareza) é de fato uma perspectiva de formação moral e estética. Significa "formar o gosto" dos alunos, e formar o gosto é aprender a admirar as obras-primas. O objeto da explicação dos

---

[1] Essa pedagogia parece formar um sistema muito coerente, em relação ao qual Ernest Legouve, como mostra Denis Pernot, tem, sem dúvida, desempenhado um papel significativo. Mas essa escola de admiração não é consequência apenas desse professor carismático: ela está no cerne do ensino humanista que foi posto em ação no fim do século XIX.

textos – lê-se por exemplo nos documentos oficiais de 1930 – é "colocar-nos em posição de entender melhor, sentir mais finamente e, consequentemente, de *desfrutar* mais e de *admirar,* de maneira correta, o texto explicado".[2]

A liberdade do leitor-colegial consiste então em "admirar de maneira correta", ou seja, compreender por que ele deve admirar, exercer a sua admiração, voluntária ou compulsoriamente. Essa educação da admiração remete a diferentes objetos: o estilo, os valores morais que emergem da obra, sejam eles emanados das personagens ou do autor.

O aluno de colégio do início do século XX deve primeiro "sentir o caráter e a beleza do trecho lido", para retomar fórmulas frequentes nos manuais escolares. Estes indicam precisamente aquilo que convém admirar: a vivacidade, a flexibilidade ou a propriedade das palavras, a sobriedade ou a pureza do estilo. Essa admiração prescrita e orientada tem como resultado os trabalhos escritos que se assemelham ao panegírico ou à arte da heráldica: as partes dedicadas ao estilo consistem em enumerar as proezas estilísticas do trecho selecionado e mostrar precisamente por que ele mereceu ser escolhido. Os temas da composição incitam, de seu lado, ao desenvolvimento desses "gêneros da admiração", que são os paralelos entre grandes escritores, elogios fúnebres ou cartas de felicitações. Até os anos 1960, o discurso escolar sobre os textos literários remete ao gênero epidítico, como remete ao gênero epidítico a crítica da admiração.

A perspectiva de formação moral pelos modelos literários influi, é claro, sobre o *corpus.* Certas épocas, certos gêneros convêm melhor do que outras a essa pedagogia da admiração: o século de Descartes, que fez da admiração a primeira das paixões e definiu o sublime como aquilo que eleva a alma, é o século mais digno de entrar nas salas de aula, assim como o gênero épico e o trágico são mais propícios à admiração do que o gênero romanesco, cujos personagens são com frequência anti-heróis. E nós compreendemos por que, no interior do gênero trágico, a obra de Corneille, apresentada como uma "escola de grandeza de alma" ou uma "escola da vontade" é particularmente estudada. Longe de menosprezar a identificação, tal pedagogia

---

2   Instruções para a aplicação das leis de 30/08/1937 e 11/04/1938, que estabelecem os programas do segundo grau, p. 130 (quanto à explicação de texto).

convida o leitor a escolher modelos de identificação e retoma à sua maneira a catarse de Aristóteles. É como se Corneille tivesse inventado em seu teatro um novo dispositivo, que rivalizaria com o terror e a piedade, o dispositivo da admiração. Em um manual publicado em 1947, pela editora Hatier,[3] fala-se de "patético de admiração" a respeito da cena de perdão de Augusto no *Cinna*: quando Augusto perdoa Cinna e Émilie pela tentativa de conspiração, ele suscita neles um sentimento de admiração que se transforma em arrependimento por uma espécie de contágio de heroísmo: "Eu sinto nascer em minha alma, diz Émilie, um arrependimento poderoso". É esse mesmo contágio de heroísmo, por intermédio do artifício da admiração, que se espera dos jovens leitores.

Enfim, é o autor que a escola deve aprender a admirar e até mesmo reverenciar. E a abordagem da obra pelo homem ou do homem pela obra é o ideal para essa pedagogia da admiração, em que a árvore conta tanto ou mais do que os seus frutos, para retomar a fórmula de Saint-Beuve, "tal árvore, tal fruto".

Admirar um grande escritor ou uma grande obra é, portanto, uma coisa só: é ver como o gênio literário é a expressão de uma grande alma. A leitura escolar de admiração está na linha da crítica de admiração que se desenvolve no período romântico, muito evidente, por exemplo, nas páginas que Hugo dedica a Balzac por ocasião de seu elogio fúnebre ou a Shakespeare e Ésquilo em seu *William Shakespeare*.

Que lugar é designado ao sujeito numa tal concepção da leitura? A situação é, sem dúvida, mais complexa do que se poderia imaginar. Essa pedagogia parece alcançar seu objetivo em alguns exemplos: em *Le livre de mon ami*, publicado em 1885, Anatole France revela que, durante a leitura das últimas palavras de Décius Mus contra os Samnitas, feita por seu professor, seu coração "saltava de dor e de admiração". A história admirável atinge o seu objetivo e a admiração forçada se transforma em admiração reivindicada.

Por outro lado, certos testemunhos são de uma ironia feroz com relação a uma formação vivida como imposição. No *Le voleur*, lançado em 1897 sob o pseudônimo de Darien, George Adrian fala nestes termos do ensino literário que ele recebeu no colégio:

---

3   DES GRANGES, Ch.-M. e charrier, Ch.". *La littérature expliquée*. Paris: Hatier, 1947.

Formaram meu gosto também. Eu venero Horácio, "que se gosta de ler nos bosques"; e Homero, "ainda jovem de glória". Eu admiro muito Rafael em razão dos camarotes do Vaticano, que eu desconheço; Michelangelo, pelo Último Julgamento, que eu jamais vi. Boileau tem a minha *admiração*; e por fim Malherbe.[4]

Pode-se pensar, com efeito, que esse dever de admirar tem por vezes dado lugar a desvios, deixando bem pouco espaço para uma leitura autêntica. Em todo caso, a "formação do gosto" se opõe totalmente ao modelo de leitor livre, originário da Grã-Bretanha e dos Estados Unidos e que vai lentamente se impor na França, nas bibliotecas públicas, a partir de 1925,[5] como explicou Anne-Marie Chartier. O leitor que vem por sua própria vontade à biblioteca, que é livre para escolher a obra que lhe agrada e lê-la sozinho, sem orientação, opõe-se ao aluno obrigado a ir à escola, a ler as obras do programa, selecionadas porque são admiráveis, e forçado a explicar o que as fazem admiráveis.

Na verdade, essa pedagogia da admiração é contestada nos textos oficiais do ensino médio de 1981 por uma série de razões. Razões demográficas e razões sociológicas: é a chegada de novos alunos do ensino médio cada vez menos admirativos, cada vez menos adaptados a esse tipo de leitura; é o surgimento de um novo modelo de leitura com bibliotecas públicas, reivindicando os direitos do leitor e desestabilizando o modelo escolar; finalmente, é a emergência de novas teorias literárias que abalam os pressupostos estéticos sobre os quais se sustentava essa leitura de admiração.

Pode-se dizer, de modo um tanto brutal, que a morte do autor, anunciada por Foucault e Roland Barthes, e a morte ou o questionamento da obra-prima vão provocar, na sequência, a morte oficial da admiração. Como estimular a admiração quando a noção de literariedade torna-se problemática, quando se questiona a ideia de um vínculo indissolúvel entre o belo e o bom? Pode-se admirar uma obra bela, mas

---

4   DARIEN, G. *Le voleur*. Paris: Seuil, 1994, p. 36.

5   Data de criação da biblioteca infantil na França, no modelo americano. Ver a esse respeito o artigo de Anne-Marie Chartier em *Les enseignants et la littérature: la transmission en question*. crth Universidade de Créteil de Cergy-crdp, 2004.

imoral? A afirmação proustiana de que a obra é o produto de um outro eu diferente do eu social leva a dissociar o olhar lançado sobre a obra e aquele lançado sobre o autor. Da mesma forma, a distinção entre autor e narrador, autor e personagem não permite mais confundir admiração pelo autor e admiração por seus personagens. Finalmente, a leitura escolar tenta se afastar de uma leitura de identificação: no movimento do estruturalismo, propõe-se uma posição de distanciamento em relação ao texto e a seu funcionamento.

Tratar-se-ia de tornar o leitor mais livre? À primeira vista sim, na medida em que se recusa a crítica de admiração tida como conveniente, teleguiada, inautêntica. Sim também na medida em que o leitor, digamos, não deve mais se encerrar em seus "preconceitos estéticos" (para citar os textos oficiais, de 1981), e sim a partir da observação das formas. Sim, finalmente, na medida em que se insiste no papel ativo do leitor na interpretação, no papel que a leitura tem a desempenhar no desenvolvimento do pensamento crítico e na "afirmação do eu face ao mundo"[6] (1981). Uma parte parece mesmo dada à subjetividade do aluno, pois o texto de 1981 estabelece claramente que "não se pode rejeitar as reações pessoais dos alunos ao término de uma leitura".

Passar-se-ia, portanto, de uma leitura focada nas intenções do autor (leitura de admiração) para uma leitura que estaria centrada nas "intenções do texto" (leitura a distância, sem admiração), mas que admitiria também as "intenções do leitor": esse novo leitor teria o direito tanto de admirar quanto de criticar, ou mesmo de ficar indiferente, ou ainda de opor o seu gosto pessoal e subjetivo a uma ideia de gosto universal, coletivo e educável.

O que acontece hoje na prática? Todo mundo sabe que essa liberdade do leitor está longe de ser assegurada. Sem voltar às críticas habituais que poderíamos fazer sobre os desvios tecnicistas da leitura escolar, reduzida a uma acumulação de observações formais, gostaria de me ater a essa questão da admiração e de seu lugar na leitura: a crítica de admiração desapareceu junto com a pedagogia da admiração?

---

6   Textos oficiais para o ensino médio de 1981, B. O. Número especial 1 de 05/03/1981.

A crítica da admiração

Ela é, certamente, muito menos óbvia hoje do que há cinquenta anos. Mas ela está longe de ter desaparecido da crítica literária, dos manuais escolares ou dos comentários literários, quer se trate das produções dos colegiais ou, mais ainda, daquelas dos estudantes de letras. Uma pesquisa, realizada junto a universitários de graduação de terceiro ano, bem como junto a alunos do ensino médio, me leva a pensar que a admiração tem hoje um estatuto ambíguo, mas que ela permanece sempre presente em filigrana. A maioria dos estudantes afirma que não se sente obrigada a admirar as obras estudadas na universidade, mas se eles são convidados a estudá-las é porque elas são, *a priori*, dignas de interesse. Alguns dizem que se espera dos estudantes universitários que eles transmitam "a paixão e o entusiasmo", ou que eles aprendam a admirar melhor. Quanto aos trabalhos escritos dos estudantes universitários, eles manifestam ainda traços importantes dessa crítica de admiração mais fortemente ainda do que os alunos do ensino médio, sem dúvida porque eles, universitários, têm mais acesso aos discursos críticos sobre os autores.

Essa postura de admiração prévia é, sem dúvida, constitutiva da leitura universitária ou escolar. Primeiro pelo fato de o próprio estatuto do texto, uma vez introduzido numa instituição, legitimar-se e por isso mesmo canonizar-se. Como explica Michel Charles, "o texto é objeto de uma forma de respeito, devido a uma forma de autoridade que se supõe que ele tenha".[7] Essa autoridade é, de fato, amplificada por todos os discursos críticos que acompanham o texto literário reconhecido e seu autor. Nenhum aluno do ensino médio ou universitário (e nenhum professor) aborda um texto literário sem "juízos estéticos prévios". O próprio fato de se tornar objeto de estudo faz de uma obra literária uma obra voltada para a admiração.

Finalmente, quando se observam as práticas de leitura de alunos ou quando se ouvem suas perguntas, constata-se que o autor (que desempenha um papel significativo na relação de admiração) ainda permanece bem vivo.

---

7   CHARLES, M. *Introduction à l'étude des textes*. Paris: Seuil: 1995, p. 47.

Mesmo que as "intenções do autor" tenham desaparecido dos documentos oficiais, os alunos continuam a esperar do estudo de uma obra literária a obtenção de um saber maior sobre o autor, mesmo que eles não utilizem esse esclarecimento como chave para interpretar a obra.

Se não há mais pedagogia da admiração reivindicada como tal, a crítica de admiração permanece ainda, pois ela é, sem dúvida, consubstancial àquilo que Michel Charles chama de uma "cultura do comentário", cultura centrada na mobilização de textos fundadores, sobre seus comentários, em oposição a uma cultura retórica na qual as obras não são apreendidas como textos para ler e para comentar e sim como instrumentos para fabricar outros textos. A era medieval, centrada nos comentários sobre os textos sagrados, pertenceria a uma cultura do comentário, diferente do sistema clássico, centrado sobre a cultura retórica; enquanto nossa época seria caracterizada, após o final do século XIX, por uma cultura do comentário e uma "nova escolástica". De fato, constata-se que a escola e a universidade, instituições reveladoras das relações que uma sociedade mantém com seus textos, preocupam-se muito mais com a leitura de textos do que com a escrita (ou pelo menos com a escrita sobre leituras). Todos os exercícios escolares, a partir da entrada no ensino médio, tornam-se progressivamente, durante o século XX, exercícios de comentários de textos, por meio de dissertações ou explicações de texto.

Poder-se-ia definir essa cultura do comentário, que ainda é a nossa em muitos aspectos, como uma cultura de sacralização do texto, que produziu a teoria literária e de admiração, enquanto a cultura retórica teria produzido as artes poéticas e outros textos.

O lugar do leitor na cultura retórica

A cultura retórica e a admiração ultrapassada

O que acontece hoje com a admiração numa cultura retórica? Parece-me que, se a admiração ainda está presente, ela não funciona da mesma maneira. Em *L'arbre et la source*, Michel Charles analisa o exemplo de Montaigne que, diz ele, rompe com a cultura do comentário e com a tradição escolástica ainda presentes no século XVI ao instaurar, com os textos que comenta, uma relação "desrespeitosa", uma admiração que é também desrespeitosa. Em seu ensaio intitulado *Sur les vers de Virgile*, Montaigne ousa com efeito criticar Virgílio, e explica como Virgílio deveria ter feito:

> Montaigne, em suma, considera que o texto de Virgílio poderia ter sido outro: é uma imaginação dos possíveis, característica do pensamento retórico. Essa imaginação põe o leitor como um autor em potencial.[8]

É um procedimento semelhante àquele que adota Aragon quando escreve suas próprias *Aventures de Télémaque* retomando o mesmo título de Fenelon, cuja obra ele pretende "corrigir", ou ainda Pierre Bayard em seu ensaio intitulado *Comment améliorer les oeuvres ratées?*[9] Não sem humor, ele reivindica o direito de melhorar as obras malsucedidas e ainda apresenta soluções, propondo reescrever tal obra no estilo de um outro escritor, deslocar tal personagem de uma obra para uma outra ou mudar a cronologia. Ao fazê-lo, ele adota uma atitude própria à cultura retórica, ousando, com uma certa desenvoltura que poderia chocar os adeptos da cultura do comentário, entrar em diálogo com as obras, julgá-las, "pilhá--las", diria Montaigne, e delas se apropriar.

Tal postura de leitura orientada para a escrita leva a recusar as admirações convencionadas, consensuais, para eleger seus próprios objetos de admiração: as obras ou os escritores que foram importantes para disparar o desejo de escrever. Assim, quando Philip Dijan, na *Ardoise*,[10] reivindica o direito de admirar escritores menores e afirma ter uma dívida com esses escritores menores que o levaram a escrever, ele adota uma atitude iconoclasta diante dessa cultura de comentário e se coloca na posição de autor e não de comentador. Ele pode então se permitir criticar o conformismo daqueles que "assim como um carro novo, ou as diferentes marcas de roupas" têm "seus grandes autores e os apresentam

---

8   CHARLES M. *L'arbre et la source*. Paris: Seuil, 1985, p. 181.

9   BAYARD P. *Comment améliorer les oeuvres ratées?* Paris: Les Éditions de Minuit, 2000.

10   DIJAN, Ph. *Ardoise*. Paris: Julliard, 2000.

como cartões de visita" (p. 13). É enquanto autor, afastando-se da cultura de comentário, que ousa dizer que Proust o "cansa", que Flaubert o "deixa frio". Ele reivindica de todo modo uma admiração pessoal, subjetiva, que vá na contramão da admiração consensual, institucionalizada, em consonância com a ideia de que "todos os grandes livros já teriam sido escritos" (p. 16), o que, por sua vez, proibiria de escrever.

O estatuto ambíguo da admiração na escrita: "renunciar" a seus modelos

No entanto, é de admiração que se trata quando Philippe Dijan fala das obras com cujos escritores ele se sente em débito, com os quais ele tem uma "dívida", porque esses livros mudaram a sua vida, "fecundaram-no". A propósito de *O apanhador no campo de centeio,* de Salinger, que ele descobriu com a idade de quinze ou dezesseis anos, fala de um "deslumbramento", seguido de um trabalho de "descascamento" do texto: esse exercício, escreve, "me enche de admiração pelo trabalho de Salinger". Para muitos outros escritores,[11] a admiração aparece como o elemento disparador do desejo de escrever, e de escrever como o escritor admirado. Admiração que seria, segundo Malraux,[12] uma primeira etapa, seguida em um segundo momento do desejo de rivalizar com o escritor-modelo, e, assim, superar ou ultrapassar essa admiração. Proust, por sua vez, fala sobre a necessidade de "renunciar" às obras-modelo, e se quisermos seguir as exigências da verdade, ao fim dessa renúncia, refazer as obras que admiramos, mas reescrevê-las sem copiá-las, sendo fiel a nós mesmos e à nossa verdade:

> Sem dúvida, quando se está apaixonado por uma obra, tem-se vontade de fazer algo muito semelhante, mas é preciso sacrificar o seu amor do momento, não pensar em seu gosto, mas numa verdade

---

11   Ver a análise de LOUICHON, B. *Gide lecteur d'Armance ou la complexité du sujet lecteur.* In: ROUXEL, A; LANGLADE, G. *Le sujet lecteur: lecture subjective et enseignement de la littérature.* Rennes: PUR, 2004.

12   MALRAUX, A. *L 'homme précaire.* Paris: Gallimard, 1977.

que não lhe pergunta sobre suas preferências e o proíbe de sonhar com isso. E é somente seguindo essa verdade que conseguimos às vezes reencontrar aquilo que abandonamos e escrever, ainda que os esquecendo, os "Contes arabes" ou *Mémoires* de Saint-Simon" de uma outra época.[13]

A admiração com frequência se encontra na origem do desejo de escrever; portanto, é preciso renunciar a ela, ultrapassá-la para ter acesso à sua própria escrita.

Da leitura da admiração à leitura "scriptível"

Poderíamos então opor duas formas de admiração, uma admiração petrificante, aquela que nos deixa de queixo caído diante da obra consagrada, que só pode produzir discursos de elogios, e uma admiração desrespeitosa e criativa, que se transforma em escrita. Tal admiração permite apreender um texto literário como um texto "scriptível" para retomar por minha conta o neologismo de Roland Barthes. Ele entende por texto "scriptível", em oposição ao texto unicamente "legível", um texto que pode ser hoje escrito, reescrito. Um texto suficientemente atual e opaco para insuflar no leitor o desejo de reescrevê-lo. Um texto suficientemente perturbador e desejável para que ele continue a escrever na cabeça do leitor, para que o leia "levantando a cabeça":[14]

Nossa avaliação só pode estar ligada a uma prática e essa prática é a da escrita. Há de um lado aquilo que é possível escrever e de outro aquilo que não é possível escrever: aquilo que faz parte da prática do escritor e aquilo que está fora dela: que textos eu aceitaria escrever (e reescrever), desejar, fazer crescer como uma força nesse mundo que é o meu?

---

13   PROUST, M. À *la recherche du temps perdu*. Paris: Gallimard, 1954, Bibliothèque de la Pléiade, tome III (*Le temps retrouvé*), p. 1044.

14   BARTHES, R., "Écrire la lecture". In: *Le bruissement de la langue*. Paris: Seuil, 1984, p. 33: "Não lhes aconteceu de *ler levantando a cabeça*? É essa leitura, ao mesmo tempo desrespeitosa, porque corta o texto, e sedenta, porque ela retorna ao texto e dele se nutre, que tentei escrever.". [N.T.: Existe tradução do livro em português, *O rumor da língua*. Tradução de Mário Laranjeira. São Paulo: Brasiliense, 2004].

Isso que a avaliação procura é este valor: isso que pode ser hoje escrito (reescrito): o "scriptível". Por que o "scriptível" é nosso valor? Porque o desafio do trabalho literário (da literatura como trabalho) é fazer do leitor não mais um consumidor, mas um produtor do texto.[15]

No entanto, tal prática de leitura, como leitura "scriptível" parece remeter à cultura retórica. Não é isso que faz Montaigne nos *Essais*: ler levantando a cabeça e escrever suas leituras? Essa atitude irreverente diante dos livros que ele rouba se acompanha de uma visão particularmente aberta e polissêmica da leitura: Montaigne afirma o direito de cada um ler diferentemente de seus predecessores e diferentemente do que o próprio autor tem para si: Plutarco, em Tito Lívio, leu cem outras coisas e escreve: "além do que eu soube ler ali e, na aventura, além do que o autor escreveu". Observa-se a mesma concepção de texto como texto "scriptível" em Rabelais, que se autoriza a parodiar as epopeias homéricas ou medievais, ou mesmo a Bíblia, ao imaginar para seus gigantes genealogias semelhantes. É também no quadro de uma cultura retórica que se desenvolveu no século XVII a moda dos disfarces burlescos da *Eneida*, de Virgílio. A maioria dos autores clássicos utiliza ao acaso as obras dos predecessores como trampolins para suas próprias obras, como leitores irreverentes, transformando-as completamente e propondo interpretações que transgridem ou invertem o sentido original. Mas em virtude de tais autores terem sido, por sua vez, sacralizados, não se vê mais hoje o que essa doutrina da imitação, concebida como transformação e absorção do outro, tinha sido de fato de desrespeitoso em relação às obras imitadas.

Talvez seja esse desrespeito, essa falta de admiração, essa dessacralização própria à cultura retórica que explique, em parte, a resistência de alguns[16] à volta dessas práticas escolares que remetem à cultura retórica.

---

15 BARTHES, R. *S/Z*. Paris: Seuil, 1970, p. 10.

16 Ver Alain FINKIELKRAUT em *L 'imparfait du présent* (Paris: Gallimard, 2002), que lamenta os exercícios de reescrita paródica de Racine, indicando estranhamente que esse exercício nada tem a ver com as práticas de "inversão carnavalesca do estilo elevado em estilo popular".

Tal é o caso da "escrita da invenção", introduzida no ensino médio desde 2001. Ela engloba "tudo aquilo que não é comentário" e "se apoia sempre nas fontes e/ou nos modelos".[17] Por meio desse exercício, o texto literário poderia ser apreendido como um texto a ser reescrito, como texto "scriptível", admirável na medida em que é digno de ser reescrito, mas não sacralizado, pois nos sentimos autorizados a transformá-lo, a fazê-lo nosso, a parodiá-lo, "corrigi-lo" ou dele nos desviar. Transformar o estilo, os personagens, o contexto, o tipo de focalização de um texto é uma maneira de explorar suas virtualidades, de sondar suas possibilidades, é verdade, mas é um exercício de leitura que rompe com o princípio de fidelidade ao texto.

Transformar sua leitura em escrita poderia ser uma das maneiras de tornar a leitura verdadeiramente criativa e o leitor um ator por inteiro:[18] com a condição de não procurar nesse exercício de reescrita qualquer "fidelidade" para com o texto, de romper com a ideia de contrassenso, inevitável, em compensação, num exercício de comentário. Se é verdade que, em uma ótica de comentário, a interpretação tem os limites que impõe o texto comentado, ao contrário, quando a leitura se faz reescrita, novas aberturas são possíveis. Assim, reescrever o mito de Robinson Crusoé, invertendo os papéis de Robinson e Sexta-Feira como o faz Michel Tournier, é implicitamente reler com um olhar crítico a obra de Defoe, introduzir um julgamento avaliativo referente a esse Robinson que faz de Sexta-Feira seu escravo e impõe na sua ilha valores ocidentais de trabalho, de hierarquia e de exploração da natureza.

Os exercícios de reescrita, se bem concebidos,[19] poderiam, assim, permitir uma forma de leitura criativa e livre, complementar ao exercício de comentário que, por definição, é mais circunscrito e limitado pelas próprias restrições do texto e pelas comandas de interpretação.

---

17   B. O. de 28/06/2001.

18   A interpretação teatral é outra: o diretor exibe publicamente sua própria leitura.

19   Ver a esse respeito o número 420 de *Cahiers pédagogiques*, de jan. 2004, "Enseigner la littérature" (artigos de DUBILINE, LECARME e HOUDART-MEROT).

A admiração, como a língua,
a pior e a melhor das coisas...

A admiração é talvez a "primeira das paixões" no campo da leitura. Como destaca Emmanuel Pasquier, "ela transcende a distinção entre o afetivo e o intelectual".[20] Sua presença é, então, garantia de que a dimensão emocional e estética da leitura não é excluída e que a obra literária é percebida como obra de arte completa. Compartilhar a admiração é talvez uma das tarefas essenciais de um docente, desde que, todavia, não se trate de uma admiração obrigatória e conformista, nem de uma admiração estéril, que faz ficar "mudo de admiração" ou falsamente admirado. Não reduzir a leitura literária ao comentário apenas, mas associar a ele formas de apropriação mais livres, pela reescrita, em suas formas mais variadas, é talvez uma maneira entre outras de deixar espaço a uma forma de admiração fecunda, aquela que se transforma em incitação para escrever e pensar por si mesmo.

"Minha convicção profunda e constante", escreve Barthes, é que nunca será possível libertar a leitura se com o movimento não libertamos a escrita".[21] Esta é também minha convicção profunda.

---

20 PASQUIER, E. In: *L'admiration, miettes d'immortalité*. Paris: Éditions Autrement, 1999.

21 BARTHES, R. "Sur la lecture" (1970). In: *Le bruissement de la langue*. Paris: Seuil, 1984, p. 46.

DIREITOS DO TEXTO E DIREITOS DOS JOVENS LEITORES: UM EQUILÍBRIO INSTÁVEL

Catherine Tauveron
(Tradução: Marcello Bulgarelli)

Entre direitos do texto e direitos do leitor, qual linha divisória traçar no âmbito de uma leitura escolar no ensino fundamental?

Um equilíbrio difícil entre a leitura imposta e a levitação subjetiva

Sem tradição em matéria de leitura literária, os professores primários podem ter a tentação de se apoiar em um ou outro dos modelos didáticos existentes em sua área. Em poucas palavras, na escola, sabe-se que, por pura tradição, os direitos do texto são abusivamente confundidos com os direitos do professor, o qual, por meio de questionários que regem a interação, impõe sua interpretação da obra. Na mesma proporção, mas ao inverso, a escola maternal, respeitando em excesso a pura palavra infantil e preocupada em construir relações afetivas, quaisquer que sejam, entre o livro e a criança, não se esforça muito para sancionar divagações singulares, apropriações abusivas, desde que elas manifestem ao menos uma reação à leitura ofertada. Uma das práticas ritualizadas – a antecipação a partir das capas dos livros, seguindo-se a de imagens interiores ou das partes do texto fragmentado, página por página – que se espalhou em todo o ensino primário e acabou por aportar ao médio, sob o disfarce de desenvolver comportamentos de leituras experientes, acaba desenvolvendo ou reforçando involuntariamente condutas opostas. Apontei muitas vezes[1] os perigos de tal prática que, entretanto, se tornou consenso. Eu diria hoje que numerosos trabalhos, interessados em enfatizar o peso dos conhecimentos genéricos, a mobilização de enredos textuais na construção de um horizonte de expectativa e o tratamento das informações, fizeram indevidamente concluir que ler é antecipar a intriga... livremente, ou seja, tudo ou qualquer coisa, a partir de nada ou de muito pouco (uma capa, uma situação inicial) quando nenhuma orientação diegética ainda se desenhou, quando as possíveis narrativas não ainda limitadas pelas informações do texto podem levar ao infinito as antecipações. Dessa forma, negligenciam-se dois fatos importantes:

> – um leitor experiente, capaz de fazer boas antecipações baseadas na sua familiaridade com os gêneros ou com os autores – antecipações que no máximo, porém, permitem vislumbrar uma personagem típica, cenas típicas, uma atmosfera, um universo singular –, espera ser surpreendido pelo enredo e adora deixar-se surpreender. É um leitor disponível para a aventura e nada o desagrada mais do que encontrar no texto o que já colhera em sua memória narrativa. Ele não antecipa, em absoluto, a partir de uma imagem da capa, uma história inteira (salvo se se tratar de um livro da série Harlequin, que ele não precisa mais ler). A única coisa que ele antecipa é o prazer de entrar em um mundo desconhecido;
> – um leitor não experiente – o aluno com dificuldade de leitura, que me interessa hoje e sobre o qual eu focalizarei minha atenção – é um aluno que possui usualmente três características: ele não dispõe de roteiros textuais ampliados, não está disponível para a aventura e, no entanto, pratica a vagabundagem sem bússola. Essas três características conjugadas, reforçadas pela demanda docente de antecipar livremente, o conduzem a formas extremas de *levitações*: aquilo que ele foi obrigado a antecipar inicialmente, segundo informações fragmentadas e abertas, em conformidade aos frágeis estereótipos de que ele dispõe, desvia-o de uma confrontação posterior à literariedade da coisa escrita e termina por se tornar a *realidade* do texto. Sua antecipação, sua especulação

---

[1] In: TAUVERON, C. (org.) *Lire la littérature à l'école: pourquoi et comment conduire cet apprentissage spécifique* (de la GS au eM2). Paris: Hatier, 2002 e em "La lecture comme jeu à l'école aussi". In: TAUVERON, C. (org.), *Lecture et culture littéraires au cycle 3*. Actes de l'Université d'automne, Royat, 28-31, out. 2002, men, cndp (no prelo).

Leitura subjetiva e ensino de literatura 119

subjetiva viram usurpação. De uma forma desviante de cooperação, o leitor toma o lugar do autor, e o "texto" ilegítimo de um recobre o texto legítimo do outro, definitivamente perdido. Somente resta na memória o texto antecipado.

Neste pano de fundo de leitura "aberrante e *desejante*", pode-se distinguir duas formas de recuperação com causas diferentes. A primeira forma se encontra naqueles alunos do primário com dificuldade, que têm medo de se perder nos mundos imaginários e que, por segurança, procuram encontrar, a qualquer custo, o conhecido no desconhecido e, assim, "reler" indefinidamente a mesma história, ou, então, nos alunos que, ao encontrarem um texto que desafia sua cultura narrativa ou seu sistema de valores, são incapazes de ultrapassar aquilo que percebem como um escândalo cognitivo ou ético e elaboram então uma história substitutiva tranquilizadora. A segunda forma de leitura "aberrante e *desejante*" é próxima do que Umberto Eco chama "utilização dos textos" e consiste em ler o texto "como um estímulo à imaginação, a partir do qual (o jovem leitor) concebe o seu próprio jogo"[2] sem levar em conta as considerações do parceiro do jogo: isso é encontrado espontaneamente em todas as crianças do maternal. É a primeira forma de recuperação que se percebe na leitura que Léa, aluna do primeiro ano do fundamental I, faz de *Petit lapin rouge* [Coelhinho vermelho] de Rascal (L'école des loisirs). Quando a professora pergunta por que Coelhinho Vermelho e Chapeuzinho, que se encontraram no bosque e conversaram sobre o fim de suas histórias, decidem reescrever o enredo, suprimindo os lobos e os caçadores, Léa declara que "é porque senão eles vão se matar/porque eles não querem que suas mamães fiquem tristes". A professora solicita uma prova disso no texto e Léa a fornece: "eles não querem morrer porque há caçadores que têm um fuzil", "eles *veem* os caçadores". A professora se assusta, mas Léa persiste: "Bom porque *a gente vê* que eles têm fuzis". Ocorre simplesmente que os caçadores munidos com seus supostos fuzis jamais apareceram no texto, nem aos protagonistas, nem ao leitor. Léa, mobilizando um enredo conhecido, os *vê*, entretanto, "objetivamente".

---

2 ECO, U. *Lector in fabula*. Paris: Éditions Grasset, 1985.

Por todas essas razões, a antecipação não apresenta vantagens quando livremente solicitada, a não ser que o texto, ele mesmo, maliciosamente, a programe e o faça erroneamente, e que, em uma falsa consulta de cooperação, forneça índices destinados a desorientar o leitor, levando-o a seguir previsões que jamais se verificarão. Em resumo, a antecipação provocada pelo professor não tem real eficácia a não ser a exercida sobre um texto enviesado, que convoca um duplo leitor modelo: ingênuo, primeiro; crítico, depois, e que convida a retroceder. E mesmo assim a antecipação só é pertinente no momento preciso em que a ingenuidade da primeira leitura será retomada e desmascarada.

Trazer docemente de volta os alunos que partiram em levitação para a superfície granulosa do texto, garantir simultaneamente os direitos do texto e os direitos dos leitores empíricos, cientes de que os segundos são limitados pelos primeiros, tal é o princípio que não cansei de defender desde que a leitura literária apareceu em toda sua especificidade na escola elementar. Certas fórmulas ambíguas dos primeiros textos que acompanharam os novos programas, convidando a debater sempre muito *livremente* os textos, me levaram a alertar os professores e a convocar a fórmula de Eco:[3] "Um texto é um organismo, um sistema de relações internas que atualiza certas ligações possíveis e anestesia outras (...) é possível dizer muitas coisas do texto, muitas vezes um número potencialmente infinito de coisas, mas é impossível, ou ao menos ilegítimo de um ponto de vista crítico, fazê-lo dizer o que ele não diz". O novo documento que acompanha *Lire, écrire au cycle 3*[4] *[Ler, escrever ao final do ensino fundamental I]* corrige sabiamente a jogada. Insiste-se sobre a necessidade de ajudar os alunos a "argumentar e justificar suas escolhas de leitura, a apresentar provas de sua fala apoiando-se no texto". Por enquanto, com o pequeno distanciamento de que ora disponho, as observações que pude fazer nas salas de aula me levam a dizer que a garantia simultânea dos direitos do texto e dos leitores é uma

---

3   ECO, U. *Les limites de l'interprétation*. Paris: Éditions Grasset, 1990.

4   *Lire et écrire au cycle 3*, Documents d'accompagnement des programmes, Ministère de l'éducation, de la jeunesse et de la recherche, desco, cndp, 2003.

operação bem delicada, para a qual os professores não estão preparados, o que ilustrarei mediante dois exemplos: no primeiro, os direitos das crianças leitoras, perfeitamente preservados, se superpõem aos direitos do texto; no segundo, os supostos direitos do texto desconsideram o direito de um jovem leitor marginal.

Quando os direitos dos leitores se impõem aos direitos do texto

Em uma aula de segundo ano do ensino fundamental, deparamo-nos com *Une soupe au caillou* (*Uma sopa de pedra*), de Anaïs Vaugelade (L'école des loisirs), releitura de um conto tradicional. O livro coloca em cena um lobo ético e enigmático (deprimido, do meu ponto de vista) que vai de casa em casa para que alguém lhe prepare uma sopa com a pedra que leva em seu saco. Habituados a recuperar as lacunas dos textos, os alunos percebem rapidamente que não se sabe "o que vai na cabeça do lobo e quais são suas intenções". A lacuna é aqui potencialmente polissêmica: muitas interpretações das motivações do lobo são possíveis. O debate começa. Para incentivá-lo e canalizá-lo, o professor o interrompe momentaneamente e faz a seguinte proposta: "vocês vão escrever o que o lobo pensa na cabeça dele, segundo vocês mesmos, no começo, no meio e no fim da história /qual o pensamento interior dele/vocês podem dizer que *O lobo...*, *ele...* ou se vocês preferirem, vocês podem se colocar diretamente na cabeça do lobo e dizer *eu* como se fossem o lobo". Os trabalhos escritos obtidos, que autorizam e valorizam as recepções singulares, revelam, como previsto, diversas leituras da psicologia do lobo, inclusive leituras nas quais o professor não havia pensado.

São estas algumas das leituras encontradas:

– um lobo classicamente astuto e cuja astúcia fracassa (na maior parte dos relatos produzidos):

> Eu farei a galinha acreditar que eu vou preparar uma sopa de pedra, mas, na verdade, como tem espaço no meu saco, eu poderei matar a galinha e colocá-la lá dentro e voltar para casa e comê-la. Mas o porco

chega, o que acaba com meu plano. Oh! Não! O cavalo e o pato chegaram! Não haverá espaço na minha pequena barriga para todo mundo. Mas a cabra e o carneiro chegaram. Oh! Não! Eu não vou poder comer a galinha e o porco. É mesmo uma pena. Eu preciso ir embora. Bom, eu vou embora. Vou tentar a minha sorte em outro lugar.

– um lobo egoísta e ganancioso que queria a sopa para ele apenas:

Vou parar nessa vila de animais. Minha pedra me dá dor nas costas e vou cozinhá-la. Olha! Uma casa! Essa galinha me parece ser gentil. Mmmmh! Miam! Miam! Que cheiro bom! Estou louco para provar essa maravilha. Vou dar um pouco à galinha. Oh! Não! Um porco! Um pedaço a menos para mim. Droga, droga! Um asno, um pato, um gato, uma cabra, um carneiro. Maldita jornada. Só comi um prato de sopa. Não voltarei mais aqui.

– um lobo solitário que precisa de companhia:

Eu me sinto só e vim à vila dos animais para ter uma companhia. Não tinha a menor das intenções de comê-los e gostei bastante dessa festa. Fiquei contente de preparar a minha sopa de pedra com todos os animais da vila. Eu não voltei porque eu estava muito cansado e já estava no fim da minha vida.

– um lobo nas últimas, que espera a morte:

Eu estou muito infeliz. Eu vim apenas preparar minha sopa de pedra. Então vocês podem chamar seus amigos para me fazer companhia. Eu estou velho e por isso adoraria fazer amigos. Assim poderíamos fazer um jantar todos juntos. Gostei bastante. Estou muito cansado, velho. Vou morrer. Eu me despeço porque eu vou morrer.

Interessados por essas interpretações múltiplas, os alunos (e o professor) concluem que, nesse caso, "não há resposta certa e resposta errada", que "há muitas escolhas" e que "quanto mais alunos, mais escolhas". A aula termina com essas palavras que satisfazem todo mundo. Isso significa

Leitura subjetiva e ensino de literatura

que o debate especulativo sobre a validade dessas interpretações, medida pelas informações objetivas do texto, nem teve início. A lacuna preenchida *ad libitum*, a tarefa da leitura está supostamente cumprida. Nos bastidores, o texto rói seu freio em silêncio... (ele não aceita com a mesma boa vontade todas essas interpretações, mas não é possível, no espaço disponível, falar em seu nome). Pesar a verossimilhança e a sedução de uma ou outra interpretação de um texto aberto é uma operação que parece problemática para os professores; por outro lado, sobre um texto que apresenta um problema de compreensão mas só se faz entender de uma forma, é sem dificuldade que os erros de leitura são apontados e corrigidos mediante as informações do texto.

Quando os supostos direitos do texto censuram um direito de leitor

Um aluno do primeiro ano lê *Ami Ami* (*Amigo Amigo*) de Rascal (L'école des loisirs). O livro[5] está pleno de índices textuais e visuais visando a alertar o leitor quanto ao verdadeiro desfecho da história, que o autor deixa que ele interprete. Cada animal-personagem em sua casa, um com imagem colorida, outro com preta, o gentil coelho e o grande lobo mau sonhando serem amigos. O coelhinho sonha com um amigo vegetariano que goste de desenhar, de colecionar selos, pedras brancas, jogar cartas... O grande lobo mau sonha com uma amizade não banal, feita de amor e de perfeição. E então, um belo dia, eles se encontram ao pé de um vale. O lobo conduz o coelho a sua casa preta. Mensagem de amizade ou terrível história de devoração? O texto, antes de tudo, comporta um título *Ami Ami* que serve de disfarce para Miam Miam; a fala do lobo é cheia de expressões de duplo sentido, seja a voz do sonho interior ("o dia em que eu tiver um amigo, eu vou gostar dele DELICADAMENTE!", "o dia em que eu tiver um amigo, minha amizade não será banal!") ou a fala do diálogo final com o coelho ("Eu, eu gosto

---

5   Livro estudado em "Quando a literatura juvenil orquestra também a reticência". In: *Actes du colloque "La réticence"*, Saint Martin de Ré, 20-22 mar. 2003, que será publicado na revista *La licorne*, Maison des Sciences de l'Homme et de la Société e PUR.").

de você assim como você é!"). As imagens, também, não param de jogar com o contraste de mundos (cores brilhantes para o mundo do coelho *versus* branco, preto e verde escuro para o mundo do lobo) e mostram, na hora do reencontro final, um lobo vestido com um grande avental branco e uma toalha quadriculada (com um garfo dissimulado na mão). As pétalas vermelhas das papoulas colhidas pelo coelhinho caem como gotas de sangue. Embora o coelho pareça receber um beijo, seu corpo aparece, na última página, precisamente entre as mandíbulas abertas do lobo e suas orelhas parecem se dissolver na saliva. O que se dá a ler nesse tipo de livro é o contraponto do texto e das imagens. É na tensão entre dizer e mostrar, no espaço cruzado entre duas vozes desarmônicas (uma que se exprime em imagem, tendo mais peso que a outra, só por encarnar o ponto de vista soberano do narrador) que se insinua a reticência. Compreender esse texto é, portanto, admitir, pelo menos como hipótese, que uma personagem possa não ser sincera, admitir que o que se entende é o contrário do que foi dito.

A professora deseja verificar se seus alunos são capazes de aproximar essa duplicidade àquela do Chapeuzinho astucioso, lida antes em *Coelhinho vermelho* do mesmo autor. O final do texto (apagado) deve ser construído (trata-se de desenhar, no lugar do ilustrador, a última ilustração da história e escrever o texto que a acompanha). Cada aluno é convidado a defender a sua opção e a preparar uma argumentação (que a professora transcreve). Nesse momento, tem lugar uma primeira conversa. A segunda que vem a seguir enfocará o "verdadeiro" fim revelado. É nesse extrato da segunda conversa que vou me deter para mostrar que a professora, boa leitora (muito boa leitora) e admirável controladora do jogo, privilegia sem querer a interpretação "sombria" do texto. Existe, claro, certa legitimidade em agir assim: perceber a devoração sob a adoração é a interpretação sem dúvida mais atraente e mais provável, levando-se em conta o conhecimento que se tem do estereótipo do lobo, do gosto pronunciado de Rascal pelo humor negro e as informações icônicas e textuais. Por isso, a abertura inicial do texto é desta forma fechada, o prazer da ambiguidade enfraquecido e, o mais chato, a leitura ingênua de Fabien, outra criança com dificuldade de leitura, é progressivamente censurada. Desde o começo da conversa, a classe como um todo percebe a duplicidade do lobo:

> Professora: Agora que eu li pra vocês o final da história, o que acham?
> C: O lobo vai comê-lo! Porque eu reparei no prato, no copo e no garfo e na faca e no avental...
> Q: ...tem as flores... ele jogou as flores no chão!
> C: ... e depois ele vai comê-lo.
> L: Ele não gosta de flores.
> Q: E tem o prato e o garfo... e o copo. E depois ele vai colocá-lo dentro do prato e depois vai comê-lo. Ele vai cortá-lo em dois.

Mas Fabien se distingue. Ele sustenta que "o lobo quer um amigo... e foi o lobo que disse". Além disso, "ele o aperta em seus braços no final e diz que gosta dele como ele é". Acuado pela professora, ele persiste em sua interpretação: "Depois o coelho deu a ele flores e depois o lobo o pegou pela mão e o abraçou, então é seu amigo: ele jamais tinha recebido flores". A professora reforça que ela espera naquele instante "um distanciamento em relação às palavras do texto". Ela parece querer perguntar a Fabien o que o tinha feito acreditar na sinceridade do lobo, mas sintomaticamente formula assim sua questão: "O que o faz crer que o que o lobo nos diz não é verdade?". Fabien permanece calado. Seus colegas trazem as justificativas esperadas (um avental como o de um açougueiro, um beijo final "para se despedir antes que ele morra!"). A professora nota que "a argumentação apoiada no texto não parece ainda convencer Fabien". A discussão prossegue em torno da interpretação "sombria". Está claro aos olhos de todos que o lobo não estava à procura de um amigo, mas de uma refeição consistente. Fabien é de novo chamado pela professora: "Sim, vocês tem razão, é para comê-lo. Fabien, o que você acha agora?". Fabien concorda, enfim, em responder, mas em voz baixa: "Eu acho que ele vai comê-lo"...

Vê-se que Fabien não abandona facilmente sua leitura fundamentada na certeza da sinceridade do lobo. Ele se afasta mesmo do grupo, como se não quisesse participar de uma discussão cujas orientações ele não compartilha. Se, *enfim*, ele parece renunciar a sua interpretação ("Eu acho que ele vai comê-lo"), ele o faz contrafeito e, poder-se-ia dizer, para agradar e não contrariar. A astúcia do lobo e o destino trágico do coelho perturbam-no emocionalmente, o que é compreensível. Sem dúvida, a professora não percebeu isso claramente. O que faz o charme perturbador dessa história é que ela pode ser lida, simultaneamente, de ao menos duas maneiras, incluindo-se a de Fabien. Para agregar essa criança à história e à discussão do grupo, garantindo sua segurança leitora, aqui um pouco abalada, sem dúvida seria primeiro necessário considerar sua interpretação (e encontrar provas para ela, como foi feito para a outra interpretação). Somente assim a validade e o interesse de uma e outra interpretação poderiam ser medidos. Nesse tipo de configuração, que teria lhe dado um lugar de direito, pode-se supor que Fabien poderia admitir abertamente a pertinência "teórica" da segunda interpretação, embora mantendo a sua preferência "afetiva" pela primeira.

Quando os direitos do leitor podem (devem) legitimamente se impor aos direitos do texto

O objetivo do primeiro ciclo do ensino fundamental não é aprender a *explicar* os textos. Muito mais modesto, seu papel, parece-me, pode ser assim resumido: construir as condições para que se comece um diálogo entre o texto e o leitor empírico e que, se possível, não seja um diálogo de surdos.[6] O que importa, portanto, é menos a pertinência, a coerência e a elegância do produto da leitura que o processo mesmo que é gerado. Porque, apesar de tudo que vem sendo dito, há casos específicos, onde, parece-me, os direitos do leitor podem ultrapassar os direitos do texto, casos em que convém preservar estrategicamente a recepção subjetiva espontânea (e errada) do jovem leitor porque o que importa é menos a resposta dada que o movimento que a origina e o que este

---

6   É o que diz, à sua maneira, o documento de acompanhamento *Lire et écrire au cycle 3*: "é a pesquisa do sentido para si que é preciso valorizar com a literatura na escola".

significa. Em outras palavras, em certas configurações, pouco importa o vinho servido contanto que se embriague. E embriaguez é o que dá a ver Pauline, mesmo sendo possível apontar em seu discurso, como se verá, certo número de mal-entendidos.

Pauline, dez anos, aluna do fundamental I, é acompanhada há três anos por um fonoaudiólogo. Seus escritos do começo do ano são de difícil compreensão. Escrever para Pauline é muito embaraçoso. Ela vê a leitura como uma simples atividade de decifração, cuja finalidade é puramente escolar ("ler para responder questões") ou utilitária ("ler é para encomendar vestidos"). Sua leitura em voz alta é hesitante e pouco expressiva. Sua mãe se inquieta em face do pouco interesse que ela mostra pelos livros. Na aula, ela só consulta as revistas, questiona-se pouco sobre as narrativas porque tudo é possível nas histórias, não participa dos debates sobre os textos. Por sorte, ela encontra uma professora que a faz descobrir a literatura e uma outra forma de ler, o que modifica, de vez, ao final do ano escolar, sua representação das finalidades da leitura, dos benefícios que dela pode obter, assim como seu comportamento (desde abril, Pauline pega um livro assim que termina um trabalho, pega emprestado livros apresentados pelos colegas, prepara suas leituras em voz alta para torná-las mais expressivas, intervém nos debates, questiona os textos e entra na discussão de seus colegas, bem como justifica suas interpretações modificando-as quando necessário, em função do que dizem os outros).

Situo-me aqui no meio de seu percurso, quando se opera um movimento de inflexão. Pauline descobre com sua classe *L'enfant-océan*, de Jean-Claude Mourlevat (Pocket Jeunesse), reescrita-releitura de *Petit poucet* em drama do quarto-mundo, que opta pelo princípio de revezar a narração (várias personagens contam sucessivamente uma porção da história que eles testemunharam ou de que foram agentes). A história começa na casa dos Doutreleau, triste família, como a de Dickens, cujos sete filhos saíram de manhã, por iniciativa do menor deles, Yann. Yann, que não fala, dá a entender por gestos aos irmãos que seu pai "iria matar todos os sete". Saber-se-á posteriormente que não passava de um pretexto: o pai pronunciou de fato as palavras relatadas, mas elas se referiam aos gatinhos que acabaram de nascer e Yann sabia bem disso... A evolução da relação pessoal de Pauline com o livro pode ser apreendida através de seus trabalhos escritos e, mais particularmente, de seu diário de leitura. Ela, que não lia, nem escrevia, se apaixona pela história e debruça-se sobre as páginas de seu diário com um ardor crescente, à medida que vai descobrindo o texto. Em um trecho que não pode ser incluído aqui por falta de espaço, Pauline coloca questões de ordem ética sobre o comportamento de Yann (que, sem uma razão válida, arrastou seus irmãos para uma aventura perigosa): "Será que fugir por conta dos gatos não é um pouco exagerado?". Sua interrogação será o ponto de partida de um debate coletivo sobre a pertinência de tal comportamento dentro do contexto familiar. A questão dos gatos, espécie de ponto de fixação, vai aparecer como central em sua reflexão e provavelmente responsável por sua adesão (afetiva, emocional) à história, mesmo que ela seja secundária no texto. Isso pode ser visto no seguinte trecho:

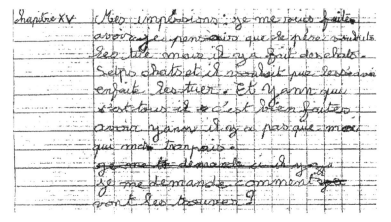

Capítulo XV. Minhas impressões: eu me deixei enganar. Eu pensava que o pai desejava matá-los, mas eram os gatos. Sete gatos ele não queria mais ter. E Yann que também se enganou, Yann, ele se enganou como eu. Eu me pergunto: como vão encontrá-los?

Vê-se como Pauline manifesta seu envolvimento no projeto do autor: o texto, de fato, enreda seus leitores, escondendo momentaneamente elementos importantes (o que é permitido facilmente pelo foco interno). Pauline toma aqui uma distância em relação a sua leitura: ela reconhece ter sido manipulada e identifica a origem da manipulação. Sem dúvida, um pouco vexada de ter caído na armadilha, sem dúvida também um pouco envergonhada de ter cometido um "erro" de leitura, ela procura alguém para lhe servir de álibi: no caso, a personagem central Yann. Mas, fazendo isto, ela comete dessa vez um verdadeiro erro de leitura: é que deliberadamente Yann escondeu o sentido exato da proposta do pai, para compelir seus irmãos a segui-lo. No entanto, quando ela percebe que a saída não foi causada pela desumanidade do pai, reflete, legitimamente, sobre a questão da reintegração das crianças no interior do círculo familiar.

A leitura dos últimos capítulos gera em Pauline um texto longo e de uma densidade (emocional) impressionante (ver trecho 2).

Capítulos XVII e XVIII. Houve um capítulo para Yann onde ele contou o que aconteceu e me agradou muito, pois eu gostei bastante de como ele era com seus gatos e ele era muito gentil com sua gata. E seu irmão na ambulância, Yann é muito gentil!!! E corajoso quando ele telefonou. Voltemos aos gatos. Eu penso que tiveram de partir para que os gatos vivessem melhor e penso que, quando ele voltar, ele suplicará a seu pai para ficar com eles. Este livro é super!!!! Eu penso que ele decidiu fugir para que gatos tivessem uma vida melhor ou que, vivendo, seu pai os esquecesse. Por que o oceano? Eu penso que o oceano (é) para ver a mãe das montanhas d'água, para ver o deitar do sol sobre o oceano, isto deve ser magnífico. Era uma boa ideia? Sim, pois não posso dizer mais essas lições são bestas.[7]

---

7   N.T.: o texto em francês apresenta alguns erros de ortografia e de pontuação, que não foram aqui considerados.

Pauline descobre, enfim, a intervenção esperada de Yann no revezamento da narração. Ela exprime sua empatia com as personagens e os gatos, que continuam a figurar como o vetor principal dessa empatia. O investimento afetivo ajuda Pauline a ler, ou, ao contrário, porque agora ela sabe melhor como ler, seu investimento cognitivo é acompanhado de um investimento afetivo. Há sem dúvida aí uma relação dialética entre essas duas dimensões. Pauline vivencia a experiência de que "ler é se escrever cabeça e corpo na metamorfose da leitura".[8] O que é igualmente notável nesse relato é a nova atitude de fazer perguntas (que não têm respostas explicitadas no texto) e de respondê-las, em um tipo de debate interior, definição mesma de uma leitura literária proficiente. É patente que as respostas apresentadas não são exatamente pertinentes ao contexto do romance. Há no discurso de Pauline alguns "mal entendidos": ela se confunde sobre as motivações de Yan, que foge não para preservar os gatos, mas porque ele sonha em ver o mar (ele terminará sua vida romanesca na proa de um navio). Por isso, são os direitos de Pauline, leitora nascente, e portanto balbuciante, que convém, aqui, parece-me, preservar sem rodeios. Pauline tem a revelação de que o livro pode falar com ela e que ela pode falar com o livro; ela investe no não dito do texto, coopera à sua maneira com o seu acabamento, coloca-se no lugar das personagens para melhor compreender-lhes o funcionamento, coloca-se questões de ordem ética sobre o comportamento delas e tira dessa experiência de leitora que lhe foi dado viver um profundo júbilo: "este livro é super!" Nesse ponto de seu percurso, onde se lê a história (feliz) de uma captação de leitora (cujo subtítulo poderia ser *Como os gatos abrem as portas*), não se pode pedir mais nada. Como lhe diz sua professora, ela fez de seu diário "seu lugar", lugar onde ela organiza agora seus encontros íntimos com os livros.

---

8   QUIGNARD, P. *Petits traités 1*. Folio. Paris: Gallimard, 1990, p. 499.

A EMERGÊNCIA E O CHOQUE DAS SUBJETIVIDADES DE LEITORES DO MATERNAL AO ENSINO MÉDIO GRAÇAS AO ESPAÇO INTERPRETATIVO ABERTO PELOS COMITÊS DE LEITURA

Autora: Marlène Lebrun
(Tradução: Gabriela Rodella de Oliveira)

> *On lit beaucoup, et jamais ne medite,*
> *Semble à celui qui mange avidement,*
> *et de tous mets surcharge tellement*
> *Son estomach, que rien ne lui profite.*
> Quadra de Sieur de Pibrac, LVII, 1574.

A leitura cursiva é consenso hoje, todos estamos de acordo, mas será ela bulímica? E se, para meditar e experimentar um prazer de *gourmet*, for necessário compartilhar, para digerir melhor e apreciar com conhecimento de causa?

A partir de experimentações didáticas levadas a cabo do maternal até o ensino médio, analisaremos aqui os desafios e finalidades dos comitês de leitura na formação literária de um jovem leitor crítico capaz de uma leitura cursiva, ou seja, de uma leitura autônoma, no sentido dado pelo recente discurso das recomendações oficiais.

Veremos particularmente como a leitura cursiva de diversas obras favorece a construção de uma postura crítica ao levar em conta experiências subjetivas e intersubjetivas, cuja expressão supõe o debate interpretativo e a justificativa da escolha de leitura. Baseados em práticas sociais de referência, os comitês de leitura permitem a jovens sujeitos leitores encontrar seus lugares em uma comunidade leitora, que dá sentido à experiência intersubjetiva crítica e à leitura cursiva de obras literárias.

Legitimidade dos comitês de leitura

No plano sociocultural

Os comitês de leitura são uma prática social de referência para os profissionais da leitura: bibliotecários, documentalistas, livreiros, críticos de revistas literárias, membros de júris de prêmios literários, professores. Eles permitem escolher os livros selecionados para colocá-los nas prateleiras de livros das midiatecas, bibliotecas, BCD [Bibliothèque Centre Documentaire] e CDI [Centre de Documentation et d'Information], livrarias, ou para torná-los objeto de artigos críticos. Primeiramente lugar de trocas e de apresentações de publicações essencialmente recentes, o comitê de leitura elege e toma decisões. Essa prática social se situa no cerne do ato de ler, que supõe a colheita e a escolha no sentido da etimologia latina.

No plano didático

Ler é uma atividade complexa de recepção/produção, na medida em que ler é compreender e interpretar de maneira dialética; ler é sempre e já escrever. As teorias da estética da recepção reabilitaram o papel do leitor; nessa perspectiva, a obra é uma partitura que requer um leitor-intérprete, uma bela das páginas adormecidas cuja vida é insuflada por cada novo leitor, sejam quais forem suas habilidades leitoras e seu conhecimento.

Dito de outra maneira, o sentido do texto literário não está reduzido à intenção do autor, ele o ultrapassa, pois o sentido não é dado de antemão: o leitor participa ativamente do acabamento do texto, mais exatamente de sua abertura para outras leituras, jamais esgotadas, posto que sempre diferentes e singulares. Ler é investir em um lugar de leitor, quer dizer, em um texto, é apropriar-se dele. O investimento e a apropriação serão facilitados pelo ato de trocar e compartilhar no interior da comunidade interpretativa constituída pela sala de aula. A leitura torna-se então um prazer de *gourmet*, ainda mais apreciada por ser convival.

Se ler um texto literário é compreendê-lo e interpretá-lo, essas são duas operações em interação. Um estudo lexicográfico e etimológico revela também seu intricamento nocional. Em latim, *intellego*, de onde veio inteligência, recobre quatro acepções diferentes: significa não somente compreender, mas também discernir, reconhecer (o que implica uma escolha); sentir (o que remete ao intuitivo e ao afetivo); apreciar (o que implica um julgamento, uma interpretação) e, enfim, compreender (o que é da ordem da revelação, até da empatia).

Intellego se decompõe no prefixo *inter* (que se encontra em interpretação) e no verbo *lego*, que significa recolher, escolher, colher e também ler. Ler implica um recolhimento, uma colheita, uma escolha, também pertinentes para compreender, o que supõe o fato de juntar, de reunir elementos separados.

Encontramos o prefixo *inter* em interpretar. Se esse prefixo significa "entre" e requer uma mediação, há outras três acepções: conhecer, perguntar/interrogar e aferir um valor. Em outros termos, existe o saber que possuímos, o saber que buscamos e a troca negociada. O ato de interpretar um texto se apoia sobre a representação de mundo do leitor e o coloca em um papel ativo, que supõe um caminho heurístico e partilhado no sentido da negociação. Em latim, *interpretatio* significa "interpretação e explicação", depois "tradução" e, enfim, "ação de desembaraçar, de decidir". Esta última acepção implica uma escolha e um julgamento.

A análise etimológica[1] de ler, compreender e interpretar coloca em evidência seus laços estreitos por meio de um caminho comum eminentemente heurístico, que implica uma escolha e um julgamento passando pela troca, pela negociação, pela partilha e, por vezes, pela empatia. Veremos que o comitê de leitura favorece esse caminho e colabora para a formação de um leitor ativo capaz de escolher e de formular um julgamento de gosto.

Gérard Genette[2] propõe os conceitos de intenção artística e de atenção estética para definir os atos de produção e de recepção em jogo na escrita e na leitura literárias. Eles estão no cerne da dialética recepção/produção, que caracteriza o ato de ler e faz do leitor um criador completo, capaz de formular um julgamento de gosto e de valor a propósito dos textos literários.[3]

---

1   A análise lexicográfica tanto diacrônica como sincrônica revela também a pluralidade dos sentidos dentro da polissemia etimológica.

2   Ver GENETTE, G. *L'oeuvre de l'art. La relation esthétique*. Paris: Seuil, 1997.

3   Ver DUMORTIER, J.-L. *Lire le récit de fiction*. Bruxelas: De Boeck Duculot, 2001, p. 6.

No plano institucional

Desde a década de 1980, busca-se levar adiante, nos últimos anos do ensino fundamental, a aprendizagem da leitura iniciada no primário – ligada à formação da cultura, ao desenvolvimento do gosto, oferecendo aos alunos condições de leitura autônoma. É preciso esperar as I.O. [Instructions Officiels] de 1985 para ver surgir o desenvolvimento do espírito crítico, e em 1996 o prazer de ler como finalidade essencial da leitura se afirma. Duas modalidades de leitura são distinguidas a partir do ensino fundamental II: a leitura cursiva essencialmente reservada à literatura juvenil, que acabava de conquistar sua legitimidade dentro do *corpus* literário, e a leitura analítica ou detalhada (antiga leitura metódica), reservada aos textos patrimoniais. A leitura cursiva é definida como uma leitura usual, ordinária, que toma seus procedimentos da leitura privada. As I.O. do ensino fundamental II indicam que a leitura cursiva é a questão central,[4] enquanto que a leitura analítica é uma prática essencialmente escolar, que está a serviço da primeira: "Sendo o objetivo de todo trabalho sobre a leitura tornar o aluno um leitor autônomo, a leitura cursiva é aquela que a aprendizagem escolar visa a enriquecer". Os I.O. do ensino médio se inscrevem também nessa perspectiva.

Em 2002, as I.O. da escola de ensino fundamental, mais recentes que as do ensino médio, erigem a literatura em conteúdo de ensino e falam explicitamente de "cultura literária para os alunos do ensino fundamental I" e de "sequências de literatura ao final do fundamental I".[5] Se a compreensão é o objetivo principal, as I.O. falam da "aproximação à interpretação dos textos" por meio das "obras em debate":[6] "O objetivo não é apenas levar o aluno a ler, acompanhado de seu professor e de seus

---

4 Ver *Programmes et Accompagnement des programmes, Enseigner au collège*, men, cnpd, mar. 1999, p. 177.

5 Ver *Documents d'application des programmes, Littérature, cycle 3*, cnpd, ago. 2002, sumário, p. 3.

6 *Ibidem*, p. 8.

colegas em situação de classe. É igualmente decisivo que ele se torne um leitor autônomo e apaixonado, e que o exercício da leitura pessoal seja para ele familiar".[7] A leitura pessoal se conjuga com a chamada leitura cursiva desde o ensino fundamental II. Encontram-se os mesmos objetivos ao longo de toda a escolaridade. Autonomia (capacidade de escolher com propriedade) e prazer (leitor apaixonado) são os desafios da leitura de obras literárias desde o ensino fundamental I. Assim, os intercâmbios relacionados às obras literárias são aconselhados.

Esse rápido sobrevoo no horizonte social, didático e institucional legitima a prática do comitê de leitura dentro da comunidade de leitores que pode constituir a classe de francês. É importante frisar o leitor que é pertinente formar no âmbito escolar.

Que leitor se quer formar?

Quando nos defrontamos com textos literários cuja riqueza vem da pluralidade e da ambiguidade de sentidos, mas estamos na posição do professor – detentores de um saber sobre os textos e convencidos inclusive de que há limites para a interpretação e de que todos os sentidos não se equiparam, de que certas interpretações são mais legítimas que outras –, como deixar que os alunos construam seus sentidos? O desafio de uma didática da leitura literária é tamanho: trata-se de formar um leitor intérprete autônomo capaz de se apropriar pessoalmente dos textos e de dar sentido a suas leituras.

Um leitor intérprete

A análise etimológica colocou em evidência três acepções incluídas no ato de interpretar consubstancial ao ato de ler. Considera-se que a compreensão e a interpretação estão intimamente ligadas sem que se possa hierarquizá-las atribuindo-se à primeira as operações de baixo nível, reservadas ao início da aprendizagem, e à segunda, as leituras experientes.

---

7   *Ibidem*, p. 11.

Em nossa perspectiva, trata-se menos de ensinar a literatura do que de estabelecer um ensino-aprendizagem da leitura literária. O objetivo fundamental é um saber-ler literário, que coloca em jogo a questão central dos valores tanto estéticos como éticos na problemática literária. Podemos impor um julgamento de gosto e de valor em nome de uma pretensa erudição leitora? Como evocar a polissemia de um texto e convocar uma atividade interpretativa se impomos um sentido, se não cuidamos para que a leitura literária permita aos alunos confrontar suas interpretações, formular um julgamento de gosto pessoal e confrontá-lo com o de seus pares?

Ensinar a literatura hoje supõe fazer ler textos literários e fazer com que o leitor mergulhe no discurso crítico, discurso de acompanhamento e de glosa, tanto na recepção como na produção.

Um leitor singular fazendo parte integrante de uma comunidade de leitores em formação

A classe de literatura constitui um espaço privilegiado para tornar possível a inscrição do sujeito leitor em uma comunidade que favoreça as condutas interpretativas e a leitura autônoma. O espaço da classe é ao mesmo tempo intersubjetivo e transacional.

Em uma perspectiva sociológica, a leitura é uma prática essencialmente dialógica, combinando diversas dimensões: cognitiva, afetiva e social. Desde Bourdieu, sabe-se que é preciso haver um "mercado de bens simbólicos"[8] para ler. De fato, sem trocas a leitura não é uma atividade valorizada. A construção de um mercado leitor permite romper a representação do "*texte-à-tête*" solitário, que desvia os jovens leitores da literatura.

A leitura é uma aventura textual da qual não se conhece o final, da qual se pode sair transformado ou não. O leitor singular entra no texto com sua representação do mundo e do outro, e a confronta com as representações do mundo e do outro trazidas pelo texto. Ao final da viagem, da "operação de caça", como diz lindamente Michel de Certeau, o leitor singular se

---

8   Ver BOURDIEU, P. "Lecture, lecteurs, lettrés, littérature". In: *Choses dites*. Paris: Les Éditions de Minuit, 1987. (Edição brasileira: *Coisas ditas*. São Paulo: Brasiliense, 2004).

Leitura subjetiva e ensino de literatura

descobre: a descoberta do mundo e do outro lhe permite definitivamente ir ao encontro de si. É graças a tudo isso que a leitura se torna interessante para o adolescente, que procura um instrumento de construção de si e não uma ocasião de afirmação social. Mas, se ler é também ligar, o leitor tem necessidade de uma comunidade que favoreça as trocas sobre as leituras comuns e as que virão.

Um leitor ativo, ora implicado, ora distanciado

Rosenblatt mostrou que a leitura se produz por meio dos sentimentos, das emoções, das lembranças, das ideias que decorrem das experiências, dos saberes e das representações pessoais que o leitor tem de si mesmo, do texto e do mundo. Ou seja, a leitura é sempre e antes de tudo uma experiência singular e "transacional",[9] que se vive de maneira dinâmica no âmbito de uma série de "transações" entre o leitor e o texto. Cada texto supõe, portanto, um encontro sempre singular. Em nossa perspectiva, se o sucesso desse encontro "transacional" depende da motivação e da experiência do leitor, ele pode também ser favorecido pelas trocas com os pares, que fazem da leitura um processo transacional interno, mas também externo.

A passagem pela subjetividade é necessária, pois permite trabalhar na zona intermediária entre compreensão e não compreensão, ou seja, a interpretação,[10] que se traduz por uma interação complexa entre a representação inicial do texto e aquela produzida ao final da leitura. Esse processo é o resultado normal da atividade interpretativa pela qual o sujeito se apropria do texto. A comunidade de leitores pares, no interior da qual o professor é ora conselheiro ora par, ajuda o leitor a ir além de sua primeira subjetividade, para fazê-lo alcançar um nível de leitura mais elaborado, mais distanciado, que ele não poderia alcançar sozinho. Mesmo assim, a subjetividade permanece legítima.

9   Ver ROSENBLATT, L. *The reader, the text, the poem: the transactional theory of the literacy work*. Carbondale: Southern Illinois University Press, 1978.

10   Inscrevemo-nos aqui dentro da perspectiva teorizada por Paul Ricouer em *Le conflit des interprétations*. Paris: Seuil, 1969.

Construir sentido é também reconhecer-se habilitado a fazê-lo como leitor, consciente de seus passos. Isso supõe o reconhecimento de um estatuto de leitor, que se autoriza a dizer o que compreendeu, do que gostou, o que achou interessante, o que detestou... no âmbito dos comitês de leitura isso é permitido. Construir sentidos e não *um* sentido implica que a leitura seja plural. Perdendo sua ambiguidade, ou melhor, suas possibilidades de diferentes interpretações, o texto perde seu interesse literário. Ele se torna simples pretexto e não deixa mais espaço ao leitor. Se entendemos a leitura plural como intrínseca à leitura literária, podemos declinar, ao infinito, as ações implicadas na leitura: trocar, cooperar, caminhar, caçar, apropriar-se, descentrar-se, julgar, escolher, ligar...

Tal abordagem dos textos literários, capaz de situar um em relação ao outro e de provocar o conflito interpretativo, faz da leitura literária uma crítica no sentido etimológico do termo, isto é, colocar em *crise*,[11] "ação ou faculdade de distinguir, escolher, decidir, julgar". O comitê de leitura, cujas competências nele produzidas serão analisadas por meio de exemplos de produções desde o maternal até o ensino médio, mostra que é possível formar um sujeito leitor intérprete, crítico, ativo, autônomo e apaixonado, e isso desde os primeiros encontros com os textos literários na comunidade leitora da classe.

A prática dos comitês de leitura ao longo do percurso escolar

Além das diferenças próprias a cada dispositivo didático na construção dos comitês de leitura, o desafio é escolher um livro para ser adquirido. Encontramos sempre quatro etapas:

• vivenciar sua leitura como um encontro singular e pessoal;
• redigir suas primeiras impressões de leitura sob forma de notas;
• discutir, trocar, formular e justificar julgamentos de gosto;
• regular, avaliar o benefício, a aquisição e o funcionamento do comitê de leitura.

---

11   Ver BARTHES, R. "Écrivains, intellectuels, professeurs". In: *Tel quel*, n. 47, outono de 1971.

O professor, como *"primus inter pares"*,[12] lê, escolhe, troca, discute, justifica seus julgamentos de gosto, mas também organiza, gere, anima e ensina à medida que constrói situações didáticas finalizadas por objetivos precisos de aprendizagem. Trata-se de formar um leitor autônomo capaz de se apropriar pessoalmente dos textos e de dar sentido a suas leituras, escolhendo e formulando um julgamento de gosto com conhecimento de causa. O comitê de leitura permite aos leitores verbalizar seus encontros textuais, confrontar suas interpretações, dar sua opinião e negociar com os outros. O debate e a escrita estão na base de uma atividade crítica de leitura literária; trata-se de ultrapassar a expressão da subjetividade para construir sentidos e desenvolver competências de leitura dentro de uma experiência ora singular, ora coletiva.

Comitês de leitura no maternal[13]

De imediato, no início do projeto, a finalidade é esclarecida para as crianças: eleger um livro, ou seja, escolhê-lo e dizer por que o escolhemos. O desafio é real: ter os livros de que se gosta no canto de leitura da classe e, depois, na BCD. O *corpus* proposto compreende cinco volumes para um período de duas semanas. Os objetivos de ensino-aprendizagem são os seguintes:

- aprender a elaborar critérios a partir da análise de um livro;
- tomar consciência desses critérios;
- ser capaz de argumentar e de formular um julgamento de gosto;
- escolher e eleger com conhecimento de causa.

O professor anota todas as primeiras impressões de leitura dos alunos ao final do primeiro encontro com os livros (oficinas "comitês de leitura" todos os dias). Esse encontro é singular: não há mediação para a leitura do professor em voz alta, que será realizada pouco antes da reunião do comitê e da votação final.

---

12 Ver BRUNER, J. *Le développement de l'enfant, savoir-faire, savoir-dire* (O desenvolvimento da criança, saber-fazer, saber-dizer). Paris: Presses Universitaires de France, 1983, Psychologie d'ajourd'hui.

13 Trata-se da classe de M/S e de G/S de Sylvie Loeillet, na escola maternal La Mareschale, em Aix-en-Provence, em jan. 2002.

Logo no segundo comitê de leitura, obtiveram-se os seguintes resultados: de 23 crianças de cinco a seis anos, 12 são capazes de formular um critério de escolha e 11, dois critérios diferentes de escolha. Por exemplo: a propósito do livro *La tête dans les nuages*, de Marc Solal e François David, 2001, Violette diz: "Eu gosto das personagens, eu gosto que no começo elas briguem e ao final elas se tornem amigas. Eu gosto também das fotos de nuvens e eu gosto de adivinhar o que elas são".

Os critérios de escolha, por ordem de importância, tratam de:

- evolução da situação e conclusão da narrativa (19 ocorrências sobre 34 expressas);
- uma personagem (13);
- uma situação precisa: encontro, acontecimento (13);
- uma emoção engendrada por um comportamento (12);
- a forma: ilustrações, cores (10);
- forma genérica (6).

A identificação é um critério de escolha que se impõe, mas a emoção estética também está presente com os saberes de análise textual que remetem ao genérico, à condução da intriga e ao estilo das ilustrações. Por exemplo, o livro *Sur l'île des Zertes*, de Claude Ponti, é eleito por suas referências intertextuais à história em quadrinho, suas brincadeiras, pela personagem de Jules, por seu tom "isso dá medo" e sua conclusão em *"happy end"*.

Ainda que se ouçam atentamente, os alunos do maternal não se deixam influenciar uns pelos outros na roda de leitura, onde é dada a palavra a cada leitor para que apresente dois argumentos pessoais que motivaram a escolha. A ordem das leituras oferecidas no começo do comitê tampouco os influencia: não é a última leitura ou a primeira dentre as cinco propostas que influenciam a escolha. Os alunos aceitam o veredicto das escolhas e são, portanto, capazes de mudar o foco. O comitê de leitura é um grande acontecimento na vida da classe.

Leitura subjetiva e ensino de literatura

Comitês de leitura no 6º ano

No ensino fundamental II,[14] compartilhar as impressões de leitura se torna um verdadeiro partilhar de sentidos. A propósito de *La gloire de mon père,* de Pagnol, os leitores reagem aos julgamentos de valor dos colegas:

> Como Melanie, eu não gostei desse livro. Eu o achei chato, pois não tinha nenhuma ação. O autor o escreveu para não dizer nada. Mas, ainda assim, tinha algumas passagens muito engraçadas. Foi até fácil de ler, fora algumas palavras um pouco complicadas. O autor coloca muitos detalhes que não servem para nada e que fazem com que o livro fique ainda mais entediante. Eu aconselho esse livro para aqueles que gostam de livros sem ação e eu não aconselho esse livro para quem não gosta de ler. (Cassandra)

A avaliação feita se baseia em argumentos variados e nuançados relativos ao registro linguístico e à intriga. Então, sobre um livro específico, a leitora explicita o que fundamenta suas escolhas e apreciações da leitura em geral, a saber, a importância das ações e a rejeição dos detalhes considerados inúteis em uma dinâmica narrativa. Seu proselitismo leitor é bastante subjetivo, mas comporta dois aspectos: o romance agradará a um perfil particular de leitor e não agradará àqueles que não gostam de ler, à medida que nele não há ação. A leitora relaciona sua apreciação da compreensão do livro ao vocabulário. Enfim, ela se sente parte integrante de uma comunidade de leitores em formação em sua classe de 6º ano; com proselitismo ela leva em conta o gosto de seus colegas. Por fim, a crítica de Cassandra comporta algumas nuanças mesmo ela confessando não ter tido prazer e interesse numa leitura considerada entediante.

O tipo de obra ("é uma história verdadeira") é recuperado por Nassim, que fica impressionado pelo trabalho de rememoração do autor ("eu me pergunto como ele fez para se lembrar de um monte de coisas").

---

14 Trata-se da classe de 6º ano do colégio Guéhenno, em Lambesc, em mar.-abr. 2003, na qual Nathalie Assante era a professora de francês.

Alexandre, a exemplo de Nassim, aprecia o gênero da autobiografia ("conta uma vida verdadeira"), a contextualização geográfica de sua região ("eu o aconselho aos apaixonados pela Provença") e o ritmo narrativo. Ele é capaz de exercer o proselitismo leitor.

O proselitismo leitor (aconselhar ou desaconselhar a leitura do romance) é partilhado por todos os críticos. Benjamin precisa: "Eu aconselho primeiro ler o livro e depois ver o filme", evidenciando assim o fato de que o filme é uma adaptação cinematográfica de um romance-fonte.

Comitês de leitura no 1º ano do ensino médio

No ensino médio, a escrita de glosa ou de comentário é institucionalizada e requer o desenvolvimento de competências críticas. No entanto, o discurso esperado é quase sempre um discurso elogioso, que reafirma a originalidade da obra reconhecida como tal pelos especialistas e pelo professor que a propõe. O comitê de leitura pode permitir a expressão de uma verdadeira postura crítica, que pode apreciar ou não a obra e formular um julgamento sincero e imprevisto. Cabe ao leitor singular o direito de considerar a obra como literária ou não, à medida que o conceito de literariedade for sendo construído mediante os encontros do leitor com os textos. É importante que o leitor singular possa confrontar seus julgamentos com aqueles de seus pares e dos leitores em geral de modo a legitimar seu gosto mediante argumentos para poder confrontá-lo e partilhá-lo com os leitores da comunidade interpretativa em formação na classe.

Vamos aqui partir da análise de textos escritos a propósito de obras variadas para aconselhar ou não sua leitura. *La princesse de Clèves*, de Madame de La Fayette, *La symphonie pastorale*, de Gide, *Le grand Meaulnes*, de Alain-Fournier, fazem parte das obras patrimoniais, enquanto que *Spirou et Fantasio* pertence a um gênero ainda pouco legitimado pela instituição escolar, mesmo se eleito pelos adolescentes. Numa perspectiva proselitista, as duas primeiras obras são objeto de uma crítica negativa, enquanto que as duas últimas, de uma crítica positiva. No entanto, qual seja a orientação da crítica, todos os leitores apresentam

Leitura subjetiva e ensino de literatura

argumentos pertinentes que revelam uma recepção singular de sujeitos leitores de 15-16 anos.

Se considerarmos três modos de análise textual[15] – o passeio ou a exploração do sentido da obra ligada à compreensão, a relação com o mundo e consigo mesmo ligada à subjetividade (remetendo à atividade interpretativa) e, enfim, a objetivação da experiência estética ligada ao julgamento –, veremos que eles coexistem no seio de um mesmo texto.

O quadro a seguir recapitula os diferentes modos de intervenção crítica do leitor para cada texto incitativo escrito, contabilizando o número de argumentos (ver os títulos das colunas 4-5-6 correspondentes aos três modos de análise textual definidos). Os itálicos indicam que se trata de citações de leitores críticos. A última coluna chama a atenção para a função estimuladora do texto produzido, quer dizer, um ato de proselitismo leitor levando em conta o leitor-colega.

1. Positivo ou negativo	2. Obras criticadas	3. Números e natureza dos argumentos na ordem	4. Exploração textual	5. Referência a si e ao mundo	6. Objetivação da experiência estética	7. Interpelação do futuro leitor
Leitura mais despraze-ro-sa, irritante e chata que jamais fiz	*La princesse de Clèves*	Quatro argumentos: descrição; personagens; extensão das frases (figuras de estilo); comportamento da heroína	0	1	3	Decepção do leitor em relação ao título

---

15 Emprestamos a classificação de Monique Lebrun, que colocou em foco o diário de leitura como dispositivo didático.

Leitura decepcio-nante a evitar	*Le Grand Meaulnes*	5 argumentos: descrição; psicologia das personagens; mensagem; fim; personagem inverossímil	2	0	3	Esforço frustrado para compreen-der o projeto do autor para um leitor que espera um final feliz; a mensagem aniquila a combatividade do leitor
Passeios literários, leitura como um longo e doce sonho, que regressa à dura realidade de nosso mundo cruel	*La symphonie pastorale*	5 argumentos: gênero; imaginação: acontecimentos e personagens (esboço de resumo); marcas temporais; intertextualida-de (2 ocorrências: filme e romance)	1	0	4	Esboço de resumo: *não lhe digo mais nada, deixo-lhe a alegria de descobri-lo; o leitor é imediata-mente capturado dentro de uma estrutura que convida a ir até o fim da narrativa*
Certo charme nesta HQ	*Spirou et Fantasio*	4 argumentos: qualidade gráfica; relação texto/imagem; personagens e tom; mensagem	1	1	2	Não há interpelação do leitor, mas identificação presumida

Vê-se que a objetivação da experiência estética domina em todas as críticas que revelam uma capacidade do leitor de se distanciar, ainda que se apoiando sobre sua experiência singular de leitor, sua representação de mundo e sua representação das expectativas de um leitor. Essa postura de análise deve ser considerada como um segundo nível de expressão da subjetividade. Os alunos do 1º ano do ensino médio souberam transferir suas competências de análise literária trabalhadas por intermédio do comentário para a produção de textos críticos, com vistas a incitar a leitura no âmbito do comitê de leitura.

À guisa de conclusão

As experiências conduzidas no âmbito dos comitês de leitura mostram que é possível formar um leitor autônomo e apaixonado desde os primeiros encontros com os textos literários. Ao longo do caminho, desenvolve-se uma postura crítica por meio da leitura cursiva. A leitura literária que decorre dos comitês de leitura se mantém o mais perto possível do texto, com sua *liberdade-obrigação*,[16] e implica o debate interpretativo mediante uma comunidade de leitores em formação na classe de francês.

Cabe ao professor de francês tornar-se um professor de leitura que dá o exemplo de um leitor apaixonado e engajado nas descobertas, nas decepções, nas hesitações e nos entusiasmos. Assim, a classe se torna um lugar de objetivação da experiência estética, que corresponde a uma sublimação da subjetividade, um lugar de negociação de sentidos, um lugar de escuta do outro, um lugar de tolerância, um lugar de manifestação crítica, um lugar de escuta de si: enfim, um lugar de intersubjetividade, onde a leitura se torna um prazer de *gourmet* partilhado, que remete ao convívio.

Anexo

La princesse de Clèves, de Madame de La Fayette

"Quando percorri a lista dos romances propostos, fui imediatamente fisgada pelo título da obra de La Fayette, *La princesse de Clèves*, e, portanto, optei por esse título. Que escolha que eu fui fazer! *La princesse de Clèves* é a mais desprazerosa, irritante e chata história que eu já li. Antes de mais nada, minhas críticas são sobre a construção da obra, as primeiras páginas são determinantes para captar o interesse do leitor e Madame de La Fayette

---

16 Emprestamos a fórmula de Michel Charles, na *Rhétorique de la lecture*. Paris: Seuil, 1977.

começa seu romance com uma descrição geral e abstrata da corte que parece se eternizar. A avalanche de personagens que ela nos apresenta em um ritmo acelerado é ainda mais difícil de seguir, já que as relações que elas mantêm umas com as outras não são muito claras. A sequência da narrativa apresenta a mesma dificuldade, pois ela é pontuada de episódios secundários também caracterizados pelo número impressionante de personagens e pela complexidade dos laços que os unem. Assim, quando Madame de La Fayette nos descreve Madame de Valentinois ou uma outra duquesa, é preciso contentar-se com "uma incomparável beleza e um espírito surpreendente", para poder depois diferenciá-las.

O segundo ponto que eu não apreciei é o estilo da romancista: as frases de uma extensão inacreditável, repletas de "que" e de "quem", a repetição de termos, o excesso de hipérboles obscurecem a compreensão e obrigam quase sempre a uma releitura. Para exemplo de tudo isso, eu citarei apenas uma frase extraída do romance: "Eles concordaram que não precisava dar a carta à futura rainha, por medo de que ela a mostrasse a Mme. de Martigues, que conhecia a escrita de Mme. Thémines e que teria facilmente adivinhado, devido ao interesse que ela tinha pelo fulano, que ela se dirigia a ele". Você se dá conta de que toda a obra é escrita assim!

Enfim, eu achei particularmente enervante o comportamento da heroína, Mme. de Clèves. Ela me pareceu indolente, entorpecida e sem convicção. Ao longo de toda a narrativa, temos vontade de sacudi-la, de remexê-la. Quando Mme. de Clèves morre, acreditamos que ela vai despertar, reagir, e que enfim ela vai declarar seu amor ao Monsieur de Nemours. Mas não! Mme. de Clèves, sentindo-se culpada pela morte do marido, não se casará com Monsieur de Nemours. Ela se deixará mesmo morrer de tristeza. Ficamos, portanto, desconcertados pela renúncia final, cujas causas verdadeiras temos dificuldade para desvendar." (Samira)

TEXTOS COMPLEMENTARES
DE ANNIE ROUXEL

A TENSÃO ENTRE *UTILIZAR* E *INTERPRETAR* NA RECEPÇÃO DE OBRAS LITERÁRIAS EM SALA DE AULA: REFLEXÃO SOBRE UMA INVERSÃO DE VALORES AO LONGO DA ESCOLARIDADE

Annie Rouxel
(Tradução: Marcello Bulgarelli)

A obra de Umberto Eco *Seis passeios pelos bosques da ficção* relata, em seu primeiro capítulo, a seguinte anedota: depois da publicação de *O pêndulo de Foucault*, um amigo de infância, que Eco não via há muito tempo, escreveu-lhe para reclamar do fato de ele ter utilizado no romance a patética história de seu tio e de sua tia. Tendo se identificado de tal modo à história, esse amigo acreditou reconhecer ali acontecimentos ocorridos em sua própria família. Ora, as personagens descritas por Eco foram criadas a partir de uma história de sua própria infância, concernente a um de seus tios e a uma de suas tias que realmente existiram.

E Umberto Eco comenta:

> O que aconteceu ao meu amigo? Ele procurou no bosque[1] aquilo que se encontrava em sua memória pessoal. Se passeio pelo bosque, estou autorizado a utilizar cada experiência, cada descoberta para tirar ensinamentos sobre a vida, sobre o passado, sobre o futuro. Mas, como o bosque foi construído para todo mundo, eu não devo procurar, aí, fatos e sentimentos que digam respeito apenas a mim. Ao contrário, tal como escrevi em duas obras recentes, *Os limites da interpretação* e *Interpretação e superinterpretação*, não interpreto um texto, mas o utilizo. Não é proibido utilizar-se de um texto para sonhar de olhos abertos – nós todos o fazemos de tempos em tempos. Mas sonhar de olhos

---

[1] Metáfora do texto narrativo.

abertos não é uma atividade pública. Isso nos leva a caminhar pelo bosque narrativo como se este fosse nosso jardim privado...

Eco distingue utilizar/interpretar :

> O leitor empírico é todo mundo, nós todos, você e eu quando lemos um texto. Pode-se ler de mil maneiras, lei alguma impõe uma maneira de se ler e, frequentemente, utiliza-se o texto como receptáculo de suas próprias paixões, que provêm do exterior do texto ou do que o texto suscita fortuitamente nele.[2]

Essa oposição estava já presente em *Lector in fabula* (1985, p. 73), onde o semioticista distinguia "a *utilização* livre de um texto concebido como estímulo da imaginação e a *interpretação* de um texto aberto". Presente também em *Os limites da interpretação*,[3] onde a dicotomia é explicitada pela oposição *intentio operis/intentio lectoris*.

Eu gostaria de voltar a essa oposição, aprofundar, questionar, interrogar sua legitimidade, perceber suas ocorrências em sala de aula.

Seguindo o discurso de Umberto Eco, à luz de diversos exemplos que ele propõe nas três obras mencionadas, é fácil evidenciar as três oposições a seguir como constitutivas da distinção entre utilizar e interpretar.

1. Essa distinção repousa sobre uma oposição no uso que é feito da obra: utilizar refere-se à esfera privada e à pesquisa de uma significação para si; interpretar é uma atividade da esfera social e implica a busca de uma significação senão universal ao menos consensual na comunidade cultural onde foi produzida a obra.

2. Porém, correlativamente, e mais profundamente, o que se distingue nessa oposição é a fonte do saber e sua extensão:

– Utilizar repousa sobre a experiência que o leitor tem do mundo; interpretar convoca algumas vezes sobretudo um saber sobre a literatura.

---

2 ECO, U. *Six promenades dans les bois du roman et d'ailleurs*. Paris: Éditions Grasset, 1996, p. 16-17.

3 ECO, U. Paris: Éditions Grasset, 1990, p. 39 e 40.

Leitura subjetiva e ensino de literatura

– Utilizar remete a uma experiência limitada ao universo pessoal dominado por crenças; interpretar supõe uma experiência rica e diversa (uma vasta enciclopédia, uma ampla biblioteca interior).

3. O que está igualmente em jogo é a natureza da atividade intelectual: utilizar é "sonhar com olhos abertos"; interpretar supõe uma abordagem heurística fundada sobre inferências; a interpretação liga-se ao modo de pensar racional. Essa oposição se declina da seguinte maneira:

– Atividade de pensar caracterizada pela liberdade (liberação do imaginário e projeção de pulsões) *versus* atividade de pensar constrita (tendo em conta um certo número de parâmetros: subjetividade controlada).

– Concernente à relação com o texto: com a utilização, o texto é dominado ou pré-texto; com a interpretação, é o equilíbrio entre "direitos do texto" e "direito do leitor" que é buscado.

Essa análise suscita um certo número de questões: as duas atividades são incompatíveis? Uma alquimia seria possível? Seria desejável? Sob quais condições?

Estado dos lugares

Consideremos a realidade da escola e a aprendizagem da interpretação.

Na escola primária, os documentos oficiais para o ciclo 3 [último ano do ensino fundamental I, crianças com dez, onze anos] apresentam a interpretação como a segunda fase da atividade de leitura ligada à dimensão social da leitura em classe, pois ela se afirma no confronto com o outro, dentro do conflito sociocognitivo.

No ensino fundamental II, o termo interpretação não aparece nos textos oficiais. É sobretudo questão de "desenvolver a capacidade de ler" e de "suscitar o gosto pela leitura".

No ensino médio, a interpretação é apresentada como a fase de conclusão da leitura analítica, fase que sucede à observação metódica dos elementos constitutivos do texto. Essa atividade envolve conhecimentos complexos. Ela é, de fato, uma metaleitura e requer a postura crítica e distanciada, característica de uma leitura letrada.

No que concerne às práticas de leitura, e particularmente aos comportamentos dos alunos, observa-se uma paradoxal inversão de valores ao longo da escolaridade. Enquanto se ensina os mais jovens a se autodescentrar e desconfiar de sua subjetividade, pede-se hoje aos alunos do ensino médio que se envolvam intelectualmente e afetivamente nas obras que leem, até mesmo as utilizem em seus diários de leitura.

Essa constatação se verifica na observação das interações orais produzidas nas aulas do ciclo 3 e na análise de comentários literários e dos diários escritos pelos colegiais.

Detenhamo-nos por um momento nesta coleta de dados:

Os programas da escola primária incluem a leitura de contos "adaptados", entre os quais o álbum *Mina je t'aime* de Patricia Joiret, ilustrações de Xavier Bruyère.

No ensino médio, os documentos analisados foram os comentários literários do sonho de Emma, em *Madame Bovary*, e os diários de leitura versando sobre *Balzac e a costureirinha chinesa*, de Daï Sijïe.

No ciclo 3, a leitura do álbum provoca nos alunos um sentimento "de inquietante estranhamento"[4] ao qual eles reagem por meio de proposições semânticas que revelam sua recusa de compreender o inaceitável e seus esforços para construir uma narrativa e um resultado conforme a suas expectativas. Os jovens leitores que não reconheceram a reescrita do conto de Perrault em *Mina je t'aime*[5] tentam fazer coincidir essa história com seu horizonte de expectativa e confirmá-lo. Eles utilizam o texto para nele encontrar um prazer onde não exista a incerteza intelectual[6] e projetam nele os clichês de seus universos pessoais. Assim, para esses alunos, a impossível identificação da avó à loba se acompanha de hipóteses conformes às suas expectativas: "Pode ser que a vovó tenha se disfarçado em lobo (ou ainda: eu acredito que era carnaval e a avó se disfarçou em loba); eles superestimaram

---

4   FREUD, S. *L'inquiétante étrangeté et autres essais*. Paris: Éditions Gallimard, 1985, p. 216.

5   PASTEL, *L'école des loisirs*, 1991.

6   Ver a tese de PINTADO, C. *Les Contes de Perrault à l'épreuve du détournement dans la littérature de jeunesse de 1970 à nos jours. De la production à la réception*, Université Rennes 2, 2006, tomo 2, p. 408, 409, e seguintes.

a loba e a chamam de vovó porque ela é velha; quando eles dizem loba, é apenas uma imagem, mas, em verdade, é a avó".

Nessas classes do ciclo 3, todos os esforços dos professores consistem em ensinar aos alunos a aceitar o universo construído pela ficção através de seu sistema axiológico próprio, a observar os indícios que permitirão, em uma segunda leitura, "ressemiotizar o texto", alcançar um enredo inédito e uma nova visão de mundo. Dito de outra forma, é preciso que os jovens leitores ultrapassem suas reações espontâneas nas quais se revela sua utilização do texto – seu hábito de sonhar com o mundo ficcional – para acessar outras possibilidades interpretativas. O objetivo é levá-los a mudar o regime de leitura "abandonando aquele que vai direto às articulações da história" para entrar no "refolho da significação"[7] e, no que diz respeito aos contos "adaptados", "ter acesso ao laboratório da narrativa e à cumplicidade, à conivência que são próprias da leitura literária".[8] É preciso, portanto, canalizar a subjetividade.

No ensino médio, a relação com o texto que aparece no exercício codificado do comentário é totalmente diversa: frequentemente, a subjetividade do leitor é deixada de lado em benefício da observação do jogo das formas, e esse fenômeno é ampliado pelos desvios tecnicistas tantas vezes denunciados, mas sempre em execução nas tarefas. O sonho de Emma dá assim lugar a uma sucessão de relatos impessoais sobre o universo criado pela heroína. Quando não está totalmente apagada, a subjetividade do leitor aflora, às vezes, prudente, discreta, na modalização: "Ele (o mundo sonhado de Emma) parece muito regular, muito idealizado", ou é vislumbrada sob alguns comentários: "Ele (o autor) se utiliza de comparações para que sintamos que existe uma certa sensualidade nas relações entre Emma e Rodolfo. De fato, 'as roupas' introduz a noção do tocar e o 'quente' reforça igualmente essa ideia". A presença do aluno é perceptível apesar do indefinido dessas observações sensoriais. Mas essa fuga de neutralidade não é nada frequente no ritual do exercício. Não há utilização do texto aqui, mas um início de interpretação quando o aluno sai de sua rotina descritiva para concluir: "pudemos ver que o universo imaginário onde Emma e Rodolfo

---

7   BARTHES, R. *Le plaisir du texte*. Paris: Seuil, 1972, p. 22 e 23.

8   PINTADO, C. Tese citada, p. 424.

são os heróis é muito idealizado, mas se esse universo é assim, é porque a realidade de suas vidas é sem dúvida muito morna e tediosa". Explicação psicologizante, não sem fundamento, aliás.

Instalou-se o hábito de uma postura que transforma o comentário em uma "decodificação racionalizante mais ou menos complicada" (Picard, 1986, p. 96), ou em uma "pequena técnica pedagógica [...] empedernida".[9] É antes de tudo a exclusão do sujeito leitor que é sublinhada nessas críticas e o fato de que, segundo os termos de Christian Baudelot e sua equipe, a leitura literária representa para a maioria dos alunos "uma prática sem crença".[10]

Essas constatações convergentes explicam o retorno do pêndulo ao qual se assiste hoje com a reabilitação das leituras subjetivas. A leitura cursiva oferece ao leitor um espaço de liberdade: é a função dos diários de leitura que se multiplicaram nesses últimos anos.

É emblemático o exemplo dos diários de leitura realizados a partir de *Balzac e a costureirinha chinesa* em uma sala de 2ª série do ensino médio em 2006. Convidados a realizar, a partir dessa obra, livres associações, os alunos investiram no texto e o colocaram no âmago de suas existências, evocando aqui uma lembrança pessoal, lá uma leitura que ecoa, uma pequena história... Eles foram incitados a utilizar o texto, a fazê-lo brilhar em todas as suas ressonâncias.

> 19/03 Quando o narrador toca violino pela primeira vez e diz que as frases do trecho lhe vêm pouco a pouco, isso me faz pensar em quando eu toco um trecho que eu não tocava há tempos, que eu pensava ter esquecido, mas que volta rapidamente. [...]
> A passagem onde o narrador vê uma formiga em uma mina de carvão me faz pensar que ele vê seu próprio reflexo.
> O momento em que Binoclard trabalha na terra e traz barro até os joelhos me faz pensar em um ano, durante as férias, quando fazíamos um passeio pela montanha e que acabei atolando até os joelhos, querendo cortar caminho!

---

9   COMPAGNON, A. *Le démon de la théorie*. Paris: Seuil, 1998, p. 11.

10   BAUDELOT, C. *et alii. Et pourtant ils lisent...* Paris: Seuil, 1999, p. 199.

Leitura subjetiva e ensino de literatura

A passagem quando Luo conta que os Guardas Vermelhos queimaram os livros de sua tia me faz pensar em um filme, *Farenheit 451*, que eu vi dois anos atrás e onde os bombeiros tinham ordem de queimar todos os livros.

21/03 O velho moleiro me faz pensar nas personagens do Renascimento. [...] 25/03 O final do livro é magnífico, a costureirinha me faz pensar em uma borboleta que sai de seu casulo, seco, a bater suas asas em direção a terras distantes...

Esses extratos do diário de Adeline mostram que as relações se fazem tanto com a vida do aluno (violino, caminhada) quanto com os elementos de sua cultura pessoal (filme, referência – pictórica? literária? – ao Renascimento). Ademais, certas imagens carecem de interpretação (a formiga, imagem da condição humana, o voo da borboleta, metáfora de um desempenho e de uma liberação).

Defesa da utilização do texto

Não se trata aqui de provocação, nem de laxismo, mas de dar sentido à atividade de leitura mediante uma didática da implicação.

Críticas e grandes leitores

Como escreveu Pierre Bayard, os argumentos pretensamente objetivos levantados para justificar o interesse por uma obra "têm sobretudo uma função de mecanismo de defesa para dissimular que nós somos, antes de tudo, sensíveis [...] ao que nos concerne".[11]

Certos críticos concordam hoje que é importante relacionar a obra lida com o que está "fora da literatura", elementos de nosso vivido ou de nossa experiência de mundo. Assim, Jean Bellemin-Nöel questiona "a necessidade, que sempre apareceu como uma evidência, de conceder um *status* privilegiado ao *referencial literário*. Por que, apesar de tudo, parece-nos natural tratar o universo cultural dos textos diferente dos objetos de mundo

---

11   BAYARD, P. *Qui a tué Roger Ackroyd?* Paris: Les Éditions de Minuit, 1988, p. 112.

referentes a nossa experiência ordinária (quer dizer, aquela que não foi mediada pela literatura)?"[12]

É o que nos ensina o exemplo dos grandes leitores. A observação de seus modos de ler mostra que eles não hesitam em se utilizar do texto, em adaptá-lo para pensar o mundo, dando às suas vidas um acréscimo de existência. Dessa forma, em seu *Diário de um leitor*, Alberto Manguel relaciona as obras que ele releu aos acontecimentos do mundo e de seu cotidiano. Em Calgary, em novembro de 2002, enquanto relia *As afinidades eletivas,* de Goethe, ele comenta o jornal local que anuncia a intenção do governo provincial "de fazer todo tipo de cortes nos programas sociais". Depois de haver evocado a amplitude da injustiça social, ele se interroga: "O que eu fiz em favor das pessoas? Tenho a impressão de me parecer com Mittler, a quinta personagem de *As afinidades eletivas* [...]".[13] Esse exemplo contemporâneo onde leitura e meditação digressiva se interpenetram evoca um prestigioso predecessor, Montaigne, cuja leitura alimentava constantemente o pensamento, e vice-versa.

É por meio dessa atividade constante de relacionar-se (com o mundo, consigo mesmo, com outras obras) que a leitura tem sentido. Assim, é de se perguntar sobre a compartimentação de que ela é objeto dentro da esfera escolar. Salvo as relações de intertextualidade, a leitura escolar, em seu formato canônico, não autoriza ligações com aquilo que se situa fora do literário: o universo do leitor. Essa exclusão paradoxal explica a aspereza e o formalismo do exercício e o fato de que inúmeros alunos dele se afastam.

Existem diferentes maneiras de utilizar o texto

Gostaria aqui de retomar a hierarquia posta como natural entre as duas abordagens intelectuais – interpretar e utilizar – e reabilitar a segunda. A oposição tradicionalmente estabelecida entre as duas atividades não coincide com os pressupostos em que se busca encerrá-la:

---

12 BELLEMIN-NOËL, J. *Plaisirs de vampires*. Paris: Presses Universitaires de France, 2000, p. 13.

13 MANGUEL, A. *Journal d'un lecteur*. Arles: Actes Sudes, 2004, p. 128 e 129.

Leitura subjetiva e ensino de literatura

– de um lado, o interesse pelos dados factuais; de outro, a procura do simbólico;
– de um lado, uma atividade inconsciente, involuntária; de outro, uma abordagem consciente, baseada na reflexão.

A utilização do texto pode ser outra que o fruto de uma inexperiência: as aproximações efetuadas pelo leitor podem ser conscientes e remeter, como em Alberto Manguel, a uma vontade de interagir leituras e vida, o simbólico e o real. Trata-se então não de um fracasso, nem de uma incompetência, mas de ver a obra em uma cultura ativa não só no seio da literatura, mas na relação literatura/realidade.

Além disso, o próprio Umberto Eco, em *Lector in fabula*, reconhece que a utilização funda "a possibilidade daquilo que Barthes chama texto de prazer" e evoca a possibilidade de "uma estética da utilização livre, aberrante, desejosa de textos", situando a utilização no campo do jogo literário. Assim, lembra que "Borges sugeria ler a *Odisseia* como se ela fosse posterior à *Eneida*, ou à *Imitação de Jesus Cristo,* como se ela tivesse sido escrita por Céline". E comenta: "Proposições esplêndidas, excitantes e perfeitamente realizáveis. Tão criativas quanto outras, uma vez que um novo texto é produzido (*Dom Quixote* de Pierre Ménard, por exemplo, é muito diferente daquele de Cervantes, ao qual, entretanto, corresponde palavra por palavra)".[14]

Sobre a copresença das duas atividades

Umberto Eco reconhece que há mil maneiras de se ler um texto e, como se expressa enquanto semioticista e não como pedagogo, não acredita que as duas operações – utilizar e interpretar – possam ser excludentes.[15] Mas, no capítulo XI de *Se um viajante em uma noite de inverno*, Italo Calvino, ao apresentar o encontro de sete leitores que expõem sua maneira de ler, sublinha a irredutível singularidade da leitura que se estabelece entre os dois

---

14   ECO, U. *Lector in fabula ou la coopération intérpretative dans les textes.* Paris: Éditions Grasset-Fasquelle, 1994, p. 73.

15   Mais exatamente, ele considera que a utilização possa ser uma estratégia da interpretação, hierarquizando, assim, as duas operações.

polos: utilizar e interpretar. Atividade fragmentada para um, cujo espírito divaga ao fim de algumas linhas para saltar sobre uma ideia, um sentimento ou uma imagem; para outro, é comparável à procura perseverante do garimpeiro. Essas duas formas de leitura contrastam: uma leve, saltitante, aérea utiliza o texto; outra atenta explora as profundezas do texto e o interpreta infinitamente. Uma vê o sentido imediato, outra como segredo escondido entre os signos. Entre esses extremos figuram outras práticas de leitura: leitura hermenêutica, aprofundada e fecunda; leitura segmentada; leitura atenta ao *incipit* ou ao desenvolvimento, leituras livres e sem rumo, a exemplo daquela que Michel de Certeau descreve em *A invenção do cotidiano*. Se ouvirmos os leitores de Italo Calvino, compreenderemos que se pode utilizar e interpretar o texto, segundo uma combinação estritamente pessoal. Se a *utilização*, índice de apropriação, está fora de propósito em relação ao estudo de um texto, ela é, de fato, discurso sobre si e não erro de leitura.

Da frágil fronteira entre as duas noções

Não somente as duas abordagens não são excludentes, como suas fronteiras são, às vezes, tênues também.

Tomemos o exemplo da fábula de La Fontaine *O lobo e o cão*, inspirada na fábula de Fedro, de mesmo título, um claro elogio da liberdade. Mas essa fábula se caracteriza pela ausência da moral constitutiva do gênero e isso pode conter outros valores, como faz Rousseau em *Emílio*, quando evoca as lágrimas de uma menina a quem se dava o cão como modelo e que declarava querer ser o lobo. A alternativa entre um pescoço preso a uma coleira e uma vida errática e de fome foi compreendida, pelos leitores do século XVIII, como conformismo, símbolo de sabedoria e de exemplo. O texto didático é interpretado a partir de valores de uma época ou utilizado para fins ideológicos? Sua vocação é um efeito sobre a práxis e podemos nos perguntar sobre as injunções do texto (interpretação) e sobre a axiologia do leitor (utilização) na escolha de vida significada pela fábula. Em linhas gerais, os textos didáticos inserem-se em uma concepção transitiva da literatura, marcando, nela mesma, a utilização como valor positivo.

A fronteira entre utilizar e interpretar é igualmente impossível de ser deduzida em certos lugares do texto. Dessa forma, os caminhos abertos autorizam o leitor a interpretar o texto com uma relativa liberdade assim como a sonhar. A imaginação desempenha, em ambas as situações, uma função primordial.

Perspectiva didática: qual legitimidade em sala de aula?

Aprender a interpretar implica o abandono de comportamentos espontâneos fundados na utilização do texto por um leitor singular. Até que ponto, em sala de aula, interpretar e utilizar podem coexistir e com qual legitimidade?

Legitimidade científica

No que concerne à legitimidade científica, além dos argumentos já mencionados, ainda se pode mencionar a pluralidade dos níveis que uma obra esconde, pluralidade "própria a satisfazer uma variedade de leitores" e que Antoine Compagnon apresenta como uma capacidade da obra "de proporcionar uma experiência"[16] (Compagnon,1998, p. 272 e 296). Escusado dizer que se se admitem níveis de interpretação (a partir de simples inferências até a questão inteligente a que responde o texto), essa escala é igualmente presente na maneira de utilizar o texto e a experiência da leitura é tão ligada à interpretação quanto à utilização.

Socialização das leituras e legitimidade ética e pedagógica

Além dos documentos oficiais, a questão da legitimidade da utilização do texto em sala de aula se coloca em termos de formação do leitor no espaço social.

Se for indispensável instalar referências nas mentes a fim de que os jovens alunos do fundamental I e do fundamental II distingam *interpretar* e *utilizar* e

---

16   COMPAGNON, A. *Op. cit.*, p. 272 e 296.

estejam conscientes das regras em vigor na escola e fora dela, parece não menos indispensável hoje fomentar entre os alunos uma abordagem sensível dos textos, mesmo que seja da ordem da utilização. Opor-se-á que este não é o objetivo da escola, encorajar o que alguns consideram uma conduta retrógrada e que, além disso, essa abordagem preocupa-se com o íntimo dos alunos, não interessando à coletividade. Mas o desafio é fazer viver uma experiência de leitura, sem a qual a atividade, puramente cerebral, não faria sentido algum aos alunos. O uso da leitura cursiva em sala de aula responde a essa necessidade.

Como resultado, em sala de aula, podem coexistir essas duas abordagens em diferentes atividades; ou se sucederem ao longo de uma mesma atividade. É a partir das leituras subjetivas que se pode negociar significados compartilhados.

A interpretação visa, em verdade, a um consenso sobre um significado. Por sua vez, a utilização remete a uma experiência pessoal, que pode ser igualmente compartilhada. No espaço intersubjetivo da sala de aula, a experiência do outro me interessa, pois eu me pareço com ele; ela me fornece, em sua singularidade, um exemplo de experiência humana. A experiência conjunta da interpretação do texto e de sua utilização por um leitor põe em tensão duas formas de se relacionar com o texto e com o outro e confere intensidade e sentido à atividade leitora.

Porém, o esperado ganho de bom senso não depende apenas das modalidades de leitura; é preciso também interrogar-se sobre o papel dos saberes na leitura.

O papel regulador dos saberes

Em que medida os saberes genéricos e históricos podem ter um papel regulador para que a obra literária seja, por sua vez, significativa para o indivíduo e para a comunidade?

O conhecimento dos gêneros adquiridos desde a escola primária permite regular as expectativas e inscrever a obra em uma série; remete ao poético e à matriz de códigos e de convenções recuperáveis pela leitura.

Compartilhado pelos alunos, o reconhecimento de um gênero determina não só um protocolo de leitura, mas também expectativas precisas capazes de guiar os alunos em direção à interpretação e de motivar seu julgamento estético. Esse conhecimento impulsiona um movimento do pensar que relaciona o singular ao geral, que vai da realidade concreta de um texto à concepção – abstrata – de uma forma.

Ao contrário, a história literária, ao trazer as obras para o campo social, que as determina e lhes dá sentido, executa o movimento inverso, estabelecendo sua singularidade em razão da inserção contextual e de sua situação na intertextualidade. Levadas ao ensino médio, essas abordagens – questionamento histórico, inserção da obra em sua situação de produção, conhecimento de sua recepção – instauram uma distância propícia à interpretação. No entanto, como escreveu Pascal Quignard, "somos contemporâneos de um universo sem fim"[17] e "nós fazemos o presente com o passado".[18] A abordagem histórica também leva a concluir que "ler é sempre ouvir uma palavra viva"[19] e a se perguntar em que uma obra do passado pode nos dizer respeito. Trata-se de fazer os alunos entenderem como uma obra pode significar no tempo – para a posteridade – mas, também, de ensiná-los a utilizar a obra para si mesmos. "Familiarizar os alunos com essa ideia de proximidade e de intimidade com um texto poderia ajudá-los a não considerar mais o que eles fazem no curso de francês como algo exterior, ou de muito exterior, às suas próprias vidas".[20] Esse saber-ler construído pela história mescla, portanto, em uma alquimia imensurável, interpretar e utilizar, distância e proximidade, significado para outrem, significado para si.

O domínio desses dois tipos de conhecimento – genérico e histórico – põe em tensão movimentos de pensar inversos e complementares que se traduzem por um vaivém do singular ao geral e vice-versa, e tendem a combinar interpretação e utilização, reencontro com outrem, reencontro consigo mesmo.

---

17   *Le français aujourd'hui, Le littéraire et le social,* p. 93.

18   *Ibidem,* p. 94.

19   DELACOMPTÉE, J.-M. *Ibidem.* p. 44-45.

20   *Ibidem.*

Para concluir

Na tensão entre normas e subjetividade própria à leitura literária, se a subjetividade do leitor (a *intentio lectoris*) domina no começo da escolaridade, ela desaparece ao final e é preciso instituí-la.

O par interpretar/utilizar merece por isso ser reconsiderado. Não se reduzirá a utilização do texto ao meramente subjetivo (solipsismo e outras variantes) ou à falta de interpretação, como Umberto Eco tenta fazer. A utilização do texto é antes de tudo sinal de apropriação do texto pelo leitor e fonte de seu prazer. É constitutiva da experiência do leitor. Ajuda a moldar "o texto do leitor", lugar de encontro entre os sinais do texto e a trama de uma existência. Esse texto do leitor está na origem de toda abordagem interpretativa. Por mais paradoxal que possa parecer, afigura-se urgente reensinar os alunos a utilizar o texto para si mesmos, para sonhar, para reencontrar o gosto pela leitura.

No entanto, não é menos indispensável para os alunos conhecer as regras do jogo e distinguir espaço privado e espaço social, utilização e interpretação. Entre os conhecimentos literários ensinados em sala de aula, os saberes genéricos e históricos podem desempenhar, juntos, um papel regulador entre as duas posturas face ao texto, favorecendo as abordagens interpretativas sem descartar o investimento pessoal.

Essa alternativa entre as duas posturas faz parte da experiência humana e a escolha consciente, consentida, de uma ou de outra, faz parte de um processo adulto. Assim, J. Bellemin-Noël diz não sem humor sobre seu trabalho enquanto crítico:

> Às vezes, divago do meu jeito, em total liberdade; me permito, mesmo sem saber, todas as fantasias, mas isso acontece só na esfera privada de minha leitura para mim mesmo, e não (ao menos, me esforço para tal), quando leio para outro, quando desejo me fazer intérprete de um texto [...] O intérprete escreve em liberdade vigiada, embora ele não saiba tudo o que escreve (eis aí a indispensável responsabilidade de 'escrever'), nem quem, exatamente, o vigia, escondido nos bastidores. 'Hipócrita leitor – meu semelhante – meu irmão'.[21]

---

21 BELLEMIN-NOËL, J. *Op. cit.*, p. 210-211.

APROPRIAÇÃO SINGULAR DAS
OBRAS E CULTURA LITERÁRIA

Annie Rouxel
(Tradução: Amaury C. Moraes)

Le moment paraît venu de donner le maximum
de son efficacité à l'engagement du lecteur
dans une pratique active

J. Bellemin-Noël

A reflexão que aqui apresento se inscreve em pesquisa conjunta, conduzida atualmente pela equipe LLA [Lettres, Languages et Arts] de Toulouse e pelo CELAM [Centre d'Études de Littératures Anciennes et Modernes] de Rennes 2, sobre a atividade do sujeito leitor na leitura literária.

Esse tema supõe que se dê atenção particular ao conteúdo existencial da literatura, à sua dimensão antropológica[1] (naquilo que ela exprime de emoções fundamentais da psique humana), na medida em que a leitura das obras literárias permite constituir o humano no sujeito, o que é, a meu ver, o principal desafio da cultura literária.

---

1 "A literatura – mas também as outras artes [...] – é um dos lugares onde se manifestam afetos fundamentais, atitudes face ao mundo; textos tendem a exprimir essas atitudes e fazer com que sejam compartilhadas com seus leitores". VIALA, A. "Des registres". In: *Pratiques 109/110*, Cresef, 2001, p. 170.

Apresentação da coleta de dados

Foi escolhido um *corpus* menos escolarizado representativo das práticas comuns dos alunos do ensino médio capaz de indicar vias possíveis, contudo, a serem exploradas porque são ao mesmo tempo ricas e produzidas por alunos comuns:

> – Diários de bordo de leituras cursivas (na interface da esfera privada e da escolar): trata-se aqui de escritos realizados em resposta a uma comanda escolar voluntariamente imprecisa[2] a fim de preservar a liberdade dos alunos diante das obras lidas. Os diários realizados se apresentam sob as mais variadas formas, do caderno de anotações preenchido cuidadosamente à tradicional folha dobrada que nos lembra a procedência escolar do objeto.
>
> – Diários "pessoais" (íntimos) nos quais o adolescente tem toda liberdade de ler para si. Esses diários apresentam o leitor no cerne de sua relação íntima com a obra e iluminam a dimensão afetiva da experiência literária. Permitem igualmente observar as formas de escritura escolhidas para dizer isso e para refratar a emoção estética num percurso intertextual.
>
> – Autobiografias de leitores realizadas no ensino médio (segunda e terceira séries) e na universidade (graduação e pós-graduação em Letras).
>
> – Pesquisas realizadas no começo do ano pelos professores sobre as leituras de seus alunos.

Procedimento

A fim de observar nesses documentos como se elabora a cultura literária dos alunos do ensino médio, mas também quais perspectivas esses escritos livres dos adolescentes oferecem para a reflexão didática, três aspectos serão sucessivamente abordados:

> a) a definição de cultura literária;
> b) os modos de elaboração da cultura literária, em particular durante o ato de leitura;

---

2   A única demanda consiste na manutenção do diário. Nenhuma precisão é dada quanto à forma e à extensão do escrito. Os diários poderão se tornar o suporte para trocas, mas não serão avaliados.

c) o desejo da escrita literária para preservar os traços dessa leitura e prolongar seus ecos no leitor.

* * *

Definição de cultura literária

Longe de ser uma evidência, a noção de cultura literária parece ser muito problemática, sobretudo porque ela é o lugar de envolvimentos ideológicos fortes. É por meio de três dicotomias que pretendo iluminar as questões relacionadas à sua definição. A primeira concerne à extensão e à natureza do *corpus* designado; a segunda, à sua função na vida do sujeito; a terceira, ao seu modo de estruturação.

Extensão: questão de *corpus*

Espaço simbólico visado: textos legitimados, designados

Se nos referimos à acepção clássica, provinda de uma longa tradição escolar e universitária, a cultura literária designa o conhecimento de um patrimônio reconhecido, o que Jean-Marie Privat[3] ressalta claramente com a ajuda do pleonasmo "cultura cultivada", ou o que alguns nomeiam "cultura letrada"[4] ou "cultura erudita". Esses vocábulos remetem aos clássicos (no sentido amplo do termo) que fundam a cultura comum.

Os programas oficiais para o ensino médio[5] explicitam que "a apropriação de uma cultura" é uma das finalidades próprias do ensino do francês. Este "contribui para a constituição de uma cultura pela leitura de textos de todos os tipos, principalmente de obras literárias significativas". Convém notar a presença aparentemente paradoxal do indefinido "uma" antes de cultura e a ausência de ambiguidade quanto à determinação dessa

---

3   PRIVAT, J.-M. "Socio-logiques des didactiques de la lecture". In: CHISS, J.-L. *et al.* *Didactique du français: état d'une discipline*. Paris: Nathan, 1995, p. 140.

4   PETIT, M. *Éloge de la lecture*. Paris: Éditions Belin, 2002.

5   B. O. n. 28, de 12/06/2001.

cultura, posto que ela é adquirida pela "leitura de grandes obras do passado e de obras contemporâneas". Trata-se, na verdade, de permitir às escolas de ensino médio "que se apropriem da herança cultural na qual elas vivem" ou ainda de lhes dar "acesso a esse patrimônio comum da humanidade", de lhes fazer "adquirir os elementos de uma cultura comum". Na segunda série, por exemplo, "visa-se a desenvolver o gosto dos alunos confrontando--os a obras mais distantes de seu universo familiar, numa preocupação com a formação de uma cultura compartilhada".

Espaço simbólico pessoal: percursos, gostos literários

A essa concepção tradicional de cultura, que permite avaliar, em vista das referências comuns, o grau de cultura dos indivíduos, se opõe uma concepção às vezes mais liberal e às vezes mais empírica relacionada a um olhar menos exterior. A cultura literária não é esse absoluto, esse ideal em direção ao qual deve tender o sujeito, mas um espaço simbólico composto às vezes de referências comuns e outras vezes de referências pessoais reconfiguradas por sua subjetividade. Ela não é essa abstração, lugar de um consenso ilusório, mas um conjunto limitado e móvel de dados concretos, marcados pela singularidade do sujeito e constituindo-a.

De fato, essa concepção repousa sobre o princípio de realidade. É resultado de um reconhecimento de sujeitos empíricos, mas também, no plano científico, emana de uma concepção do texto que não é aquela que prevalece ainda no ensino (o texto que programa a sua recepção por um leitor *modelo* segundo a teorização de Umberto Eco) e que se pode definir, com Pierre Bayard, como "o texto do leitor"[6] (o texto reconfigurado pelo leitor real). Com efeito, numerosos pesquisadores hoje, entre os quais Bruno Clément e Jean Bellemin-Noël – e entre nós, Gerard Langlade, Marie-José Fourtanier – se interessam pela singularização do texto pelo leitor. Daí a definição que segue, de Bellemin-Noël, a qual insiste na mestiçagem que se opera durante o processo de leitura entre o texto do escritor e a experiência do leitor:

---

6   BAYARD, P. *Qui a tué Roger Acroyd?* Paris: Les Éditions de Minuit, 1998, p. 90. "Cada leitor constitui sua própria rede de índices – não é o mesmo texto que é lido."

> Imerso no "infratexto" comum de minha experiência do mundo e dos seres, eu extraio, eu recomponho, eu componho de novo – um pouco como a interpretação que se faz na música – no fim das contas, eu constituo com e naquilo que chamamos uma obra literária esse trajeto de leitura, que, sozinho, talvez merecesse ser chamado texto. Este é tecido pela combinação flutuante da corrente da minha vida com a trama dos enunciados de uma vez por todas combinados pelo autor.
>
> Isso que chamo texto, e se quisermos que essa palavra apresente algum interesse, é sempre "meu texto": uma versão da obra para meu uso, com os altos e baixos das significações, daquilo que não diz nada e daquilo que me faz sonhar longamente, às vezes segundo uma ordem que não tem senão pouco a ver com a sequência da intriga explícita. Uma versão onde alguns detalhes (pretensos detalhes) contam mais que os grandes eixos e que os grandes traços. Mais por exemplo do que os diálogos ou as observações do escritor sobre a psicologia de seu personagem.[7]

Notamos, portanto, que essa variação individual tem por efeito arruinar a ideia de uma cultura idêntica, ainda que as referências sejam comuns. Sob o singular de "cultura literária", é necessário, portanto, ler um plural. A isso se acrescenta a constatação, verificável em todas as coletas de autobiografias de leitor, da irredutível singularidade do *corpus* de leituras próprio a cada leitor. Mais que as referências clássicas, consagradas (escolares), os leitores mencionam suas "paixões súbitas", por obras descobertas mediante alguém próximo ou ao acaso da existência. Assim, mesmo se a "cultura literária escolar" é mencionada nesses balanços, são as leituras da esfera privada que são destacadas, o que convida a redefinir a "cultura literária" em termos de espaço simbólico pessoal, caracterizado pela heterogeneidade das referências. As obras consideradas "menores" podem ter um papel importante na vida de uma pessoa.[8]

---

7   BELLEMIN-NOËL, J. *Plaisirs de vampires*. Paris: Presses Universitaires de France, 2001.

8   Ver a este respeito DE SINGLY, F. "Le livre et la construction de l'identité". In: CHAUDRON, M. et DE SINGLY F. (dir.). *Identité, lecture, écriture*. Paris: Centre Georges Pompidou, 1993, p. 133.

Interferências dos *corpora*? Existência de duas culturas?

Se considerarmos agora a questão da interferência dos dois *corpora* (escolar e privado), observamos as seguintes situações: ora o jovem leitor lê com o mesmo prazer e sem hierarquizar tanto obras literárias reconhecidas quanto *best-sellers* originados da literatura de reprodução e da paraliteratura; ora, ao contrário, numa vontade de afirmação identitária, distingue e separa os dois *corpora*, a ponto de se questionar, como o faz um professor da Academia de Rennes, sobre a existência de duas culturas.[9]

Entretanto, o que parece determinante e até mais importante que o pertencimento das obras a um *corpus* legítimo ou não é a relação com o texto, que se manifesta na leitura e que exprime a segunda dicotomia.

Cultura passiva versus *cultura ativa*

Capital imóvel, mensurável: os textos são "coisas"

Essa concepção de cultura privilegia o conhecimento socialmente valorizado de dados factuais e de significações cristalizadas. Nesse sentido, ela assume uma função decorativa de cultura "para o outro" que envolve mais o leitor enquanto sujeito social do que enquanto indivíduo.

Como nota Bellemin-Noël,[10] apesar do desenvolvimento da pragmática e da definição dos textos como "*práticas significantes*", continuou-se a tratá-los "como coisas", reificação que assimila a cultura à acumulação de conhecimentos, ao quantitativo, enquanto "é preciso reaprender a ver nos escritos literários elaborações dinâmicas, atividades em perpétuo

---

9   Na conclusão de uma pesquisa sobre leitura, no início do ano letivo de 2001, numa classe de 2º ano do liceu Lesage, em Vannes, Philippe HELLEBOID escreve: "Uma primeira constatação se impõe: duas culturas coabitam sem praticamente se comunicar. O professor de Letras que observa o quadro de leituras pessoais é surpreendido pela presença de numerosos títulos que lhe são totalmente desconhecidos! Por outro lado, raros são os títulos 'clássicos' que figuram entre essas leituras adolescentes. Fora da instituição, os autores percebidos como "escolares" desaparecem da paisagem cultural".

10   *Op. cit.*, p. 17.

movimento, tratativas renegociadas sem cessar, operações vivas e não inteiramente controláveis, em uma palavra, *forças*".

Capital dinâmico, em movimento: "cultura para si"

Se o leitor domina um texto, se apropria dele, este deixa de ser uma coisa em si: ele significa para o leitor, estimula seu pensamento. Nessa situação, os textos são lidos para pensar o mundo e para se construir. A cultura literária é então uma cultura ativa (que requer engajamento do leitor e em troca o ajuda a pensar).

Essa ideia de "cultura ativa" está presente nos programas oficiais do ensino médio, com um sentido diferente, pois o qualificativo se aplica essencialmente ao procedimento do leitor, a suas iniciativas: "Ela (a cultura) é necessária para que se desenvolva a curiosidade dos alunos, condição primeira do gosto de ler e de se expressar e do prazer pelas letras e pelas linguagens".

Modo de estruturação: saberes conceituais versus saberes experienciais

Com a ajuda das categorias descritivas da análise literária

Sobre esse ponto, os programas oficiais se inscrevem na tradição escolar e universitária. "A cultura *toma forma*[11] pela relação dos textos entre si", observação geral que remete tanto à epistemologia do saber quanto ao processo de categorização, ao fenômeno de intertextualidade ou mais concretamente à prática escolar do agrupamento de textos. O gesto de pôr em relação está na própria base da cultura literária, mas, como veremos, seu objeto não se limitaria "aos textos entre si".

A cultura literária *se estrutura* com a ajuda de categorias disponíveis construídas pela crítica, entre as quais as noções de gêneros e de movimentos literários desempenham um papel principal. Graças a essas

---

11   Sou eu que sublinho os dois momentos: "toma forma" e "se estrutura".

noções, a cultura literária forma um todo ordenado e acessível, um conjunto legível e coerente.

Com a ajuda de ligações difusas referentes a um saber experiencial (cuja força é proveniente da necessidade interior que o fez nascer)

As ligações que o leitor estabelece consciente ou inconscientemente durante a leitura podem estar relacionadas a outros textos lidos anteriormente ou a saberes provenientes de sua experiência do mundo. A atividade de relacionar textos depende com frequência bem mais da modalidade de *interleitura* do que da intertextualidade. Criada por Bellemin-Noël, essa noção da *interleitura* designa a rede de relações que um leitor estabelece entre um texto e outros textos "mesmo se o texto em questão não fornece explicitamente, textualmente, as indicações manifestas permitindo construir a rede".[12] O texto adquire *para o leitor* uma significação mais rica, amplificada ou nuançada pelos ecos dos textos lidos anteriormente.

Por outro lado, e sempre de modo mais imediato, o texto lido é posto em relação com o vivido – presente ou passado – do leitor.[13] A leitura interpela ou confirma sua experiência de mundo.

É, portanto, uma concepção mais empírica (mais funcional) da cultura literária que se extrai dessas observações. No cerne da rede de relações se encontra o sujeito que está em sua origem, ao passo que no modelo escolar, a estruturação, de inspiração positivista, é ao mesmo tempo cronológica e lógica.

---

12   *Op. cit.*, p. 12. "Se preferi celebrar com o termo *interleitura* uma atitude mais liberal, uma visão menos estreita, menos dirigida, menos forçada, é porque *intertexto* pressuporia que as marcas que geram a atenção e convidam às associações, são marcas inscritas na superfície do texto, bem visíveis, claramente *textualizadas*. Se se é tão pouco exigente consigo mesmo, deve-se dizer com toda clareza que só o que provém do texto manifesto pode ser chamado de intertextual."

13   Fenômeno posto à luz por R. INGARDEN, *L'oeuvre d'art littéraire* (1931). Trad. fr. Lausanne: L'âge d'homme, 1983.

Conjugação dessas duas formas de saber

É evidente que a cultura literária de um sujeito conjuga em proporções variáveis, em função de seu percurso singular e de sua personalidade, saberes conceituais e saberes nascidos da experiência; ela associa aproximações históricas e intertextuais e fenômenos de interleitura, como nós vamos observar nos documentos apresentados.

Modos de apropriação de textos e elaboração da cultura literária

A seleção de excertos ou de citações

Essa atividade de recorte é verdadeiramente uma das mais significativas entre os procedimentos de apropriação do texto lido. Ela se assemelha a uma *mise en abyme* do próprio ato de ler, que não deixa na memória senão fragmentos de texto, e caracteriza o procedimento de numerosos diários de bordo ou diários de leitura. Assim começa, por exemplo, o diário de bordo de Louise,[14] aluna de segundo ano do ensino médio, dedicado às *Cartas a um jovem poeta* de Rainer Maria Rilke: "'As *obras de arte*, existências misteriosas cuja vida que passa é *durável*'.[15] Acho fantástica esta frase, ela pode parecer banal, mas exprime bem simplesmente que tudo se torna então mais claro para a compreensão".

Esse começo é emblemático tanto do procedimento de escrita – que se articula sobre uma série de citações – quanto da motivação: o fragmento escolhido resume um pensamento e o apreende, por sua exatidão.

Nos diários pessoais, a citação conservada cristaliza uma emoção, um pensamento, no qual nos reconhecemos. Noémie, estudante de pós-graduação, escreve: "Hoje, quando eu copio uma citação, é porque eu tenho um sentimento que ela diz em poucas palavras, em uma imagem, aquilo que meu pensamento procura dizer por intermináveis rodeios". A citação

---

14   Aluna da primeira (série) L. do Lycée Jacques Cartier de Saint-Malo, jan. 2001.

15   As palavras foram sublinhadas pela aluna.

é um cadinho: ela condensa as significações; "ela corresponde a essa frase 'choque' que diz tudo e quase nada". Esse poder a torna preciosa a ponto de ela poder tornar-se objeto de partilha ou de dom, meio na troca entre pessoas. Ela pode também ser afixada sobre a parede de um quarto: "este gesto ostentatório de identificação revela – explica Nathalie Le Brière, igualmente estudante de pós-graduação – um desejo de afirmação do meu eu e dos meus ideais por meio de empréstimos literários".

A cópia no diário íntimo ou o caderno de leitura

Os sessenta e dois excertos coletados por Nathalie Le Brière nos nove cadernos que ela manteve dos 14 aos 20 anos constituem uma impressionante antologia. A aluna universitária que ela é hoje comenta: "O adolescente se conhece e se constrói primeiramente na escrita do outro" e explica: "A cópia permite, ao se apropriar da linguagem do outro, dizer o sentimento que não se pode ainda exprimir com suas próprias palavras. A literatura é de certa forma uma *experiência do dizer*".

Quarenta e nove obras e trinta e seis escritores são representados nesses excertos, a alguns são dedicadas seis páginas do diário íntimo. No mais, essas passagens copiadas não são acompanhadas de qualquer comentário, porque "tudo estava dito". O leitor apreende, se encanta, se incorpora ao texto. Quanto ao procedimento em si, a estudante o explica hoje: "Essa mania de coleção de excertos é relacionada com uma vontade de conservação dos textos. [...] Tratava-se para mim de copiar para não esquecer os momentos fortes de minhas leituras, constituindo tudo isso uma base de dados que poderia servir em meus estudos literários. Essa coleta de excertos copiados significa para mim o mesmo que a conservação de meus diários íntimos e a ligação que tenho com meus livros, que não posso nem vender, nem dar". Em seguida, ela se refere a Michelle Petit que "explica que esta ligação visceral vem do fato de que, uma vez lido, o livro faz parte de si: 'porque é tão difícil se separar de seus livros: é nosso ser que está em jogo, é nossa história que vemos desfilar ao longo das prateleiras'".[16]

A coleta de textos copiados desenha uma *identidade literária* fundada na empatia. Essa noção[17] que eu propus em 2004, no colóquio *Sujeitos leitores e ensino da literatura*, recebe aqui todo seu sentido.

A paráfrase, a reformulação, o resumo

Essas três modalidades vizinhas de apropriação pelas quais o leitor tenta redizer o texto com suas próprias palavras estão muito presentes nos diários de bordo. Elas ajudam o leitor a se apropriar do texto e a torná-lo presente em seu espírito.

O comentário "comum", subjetivo e espontâneo, o que não exclui a presença de saberes fornecidos em sala de aula

Mesmo que seja muitas vezes lapidar, o comentário permite observar o modo de relacionar pelo qual se elabora a cultura literária. Esse modo de relacionar se exerce em três dimensões: relação do texto lido com outro texto, relação com o universo pessoal do leitor e relação com o mundo.

Relação entre textos: interleitura

É como fenômeno de interleituras (e não de intertextualidade) que se efetua, nos diários de bordo e mais ainda nos diários íntimos, a aproximação da obra lida com outras obras lidas ou estudadas anteriormente. Nesse sentido, a primeira página do diário de Louise é bem exemplar:

---

16 PETIT, M. *Éloge de la lecture*. Paris: Éditions Belin, 2002, p. 58.

17 "[...] identidade literária: identidade revelada e construída pela literatura mas também descrita por essa última. [...] A noção de identidade literária supõe portanto um tipo de equivalência entre si e os textos: textos que eu amo, que me representam, que metaforicamente falam de mim, que têm-me feito isso que eu sou, que dizem isso que eu queria dizer, que têm-me revelado a mim mesmo." Ver neste livro o artigo "Autobiografia de Leitor e Identidade Literária".

"As coisas não são todas tão apreensíveis, tão dizíveis como querem em geral nos fazer crer". Esta frase me faz pensar em Mallarmé, com a palavra "flor". As palavras atribuídas às coisas nem sempre são as melhores. Seria necessária uma palavra que reunisse o perfume e o aspecto da flor. Eu creio que é por isso que certas vezes "as coisas são indizíveis".

"Volte-se para si mesmo. Procure *a razão* que, no fundo, *ordena escrever* […] pergunte-se *à hora mais silenciosa da noite: devo escrever?"* Esse parágrafo fez com que eu pensasse imediatamente em Françoise Ascal, que utilizou a expressão "o querer-dizer". Creio que este parágrafo poderia servir de definição para essa expressão. Ademais, quando Rilke fala da noite, é Cixous que ressurge, eu penso no começo de *Rêveries de la femme sauvage.*

"Aproxime-se da *natureza.* Tente agora, como *o homem primordial,* dizer o que você *vê, vive, ama, é".* Isso que Rilke escreveu é o que Jaccottet parece fazer em seus poemas; tem-se falado comumente de seu maravilhamento quase infantil, o que nos faz pensar no poema "Fruits", diante das coisas que parecem simples e sem importância para um adulto, mas que para um jovem é algo fantástico, uma descoberta dia após dia.

As aproximações operadas provêm aqui dos conhecimentos apresentados em sala de aula durante a sequência "Poesia" na qual toma lugar a leitura cursiva das *Cartas* de Rilke. Na maior parte do tempo, o diálogo entre os textos repousa sobre as aproximações temáticas (aqui, a impotência da linguagem, o desejo de escrever, o maravilhamento diante da natureza), mas ela pode ser motivada pelas considerações formais (o elogio da simplicidade que suscita a imagem dos haicais, como no exemplo seguinte, tirado de um diário de outra aluna:

Eu concordo com Rilke quando ele diz que os assuntos mais simples frequentemente são mais inspiradores. Eu acrescentaria que a simplicidade do vocabulário e da escrita os tornam mais tocantes e expressivos. É o caso dos haicais.

A rede de referências pode também proceder de uma atenção dada à situação de comunicação e, portanto, concerne às *Cartas a um jovem poeta,* ao gênero correspondência. Assim, essa anotação de um aluno:

Leitura subjetiva e ensino de literatura 177

É possível identificar também certa superioridade (em idade como em passado) de R. M. Rilke. Eu às vezes tenho a impressão de que eles falavam de aluno a professor... um pouco como A. Rimbaud com G. Izambard.

Esse fenômeno de interleitura se observa igualmente nos diários íntimos. Eis dois exemplos tirados do diário de Nathalie. O primeiro é baseado na similitude percebida pelo leitor entre duas narrativas; o segundo, na elaboração e na intensidade dramática das obras comentadas.

> Sinto que Zweig e Tennessee escreveram a mesma história. Era também a confusão sentimental entre Maggie, Brick e Skipper, os heróis de *Gata em teto de zinco quente*.
>
> Acabo de ler *Ratos e homens* de John Steinbeck e eu adorei. É uma narrativa, mas ela se aproxima mais da peça de teatro porque é construída principalmente por diálogos.
>
> A intensidade e a profundidade dos personagens me lembrou o estilo de Tennessee Williams, autor americano também. É porque os sentimentos são inteiros e fortes que nos prendemos a esses personagens. É porque é tão triste e tão realista... é da dramaturgia.

Os dois outros vínculos enraízam a cultura literária na experiência do sujeito. A leitura das obras é, antes de tudo, uma "leitura para si" da qual o sujeito tira o que lhe é necessário para formar seu pensamento e sua personalidade. Muito frequentemente correlacionada à leitura privada, essa noção de "leitura para si" ultrapassa, com efeito, esse contexto preciso, mesmo se num espaço escolar as expectativas estão mais relacionadas com significações senão consensuais, ao menos partilhadas. (O que importa em sala de aula é o consenso quanto a uma interpretação; o que importa para o leitor é a maneira com que o texto lhe fala e age sobre ele.) Entretanto, a apropriação singular do texto pelo leitor pode também acontecer em sala de aula: o mais comum é que ocorra à revelia do leitor, que nem sempre está inteiramente consciente disso, mas certamente ocorre em situações que se prestam a isso, como as relacionadas à leitura cursiva e que produzem certa autonomia.

Se desejamos que a cultura literária seja efetiva – ativa – (e não uma simples finalidade do ensino), importa que a leitura seja para o aluno um acontecimento. É necessário, portanto, acolher a subjetividade e não a censurar. Se observarmos as práticas de leitura de grandes leitores – escritores, eruditos – constata-se que eles "utilizam"[18] a literatura para eles mesmos e que é assim que ela dá um sentido à vida deles. O *Diário* de Gide, mas também o recente *Diário de um leitor* de Alberto Manguel[19] testemunham isso, tema ao qual eu voltarei. A leitura dos textos literários permite ao leitor se definir.

Cultura literária e construção identitária

Os diários de bordo dos alunos do ensino médio ilustram bem esse fenômeno, com as frequentes tomadas de posição ("Eu concordo") que são afirmações sobre os assuntos mais diversos, entre os quais questões propriamente literárias como a necessidade da escrita para o poeta. Assim é a reação de Manuella, aluna da primeira série, a este conselho dado por Rilke ao jovem poeta:

> "*Deixe correr as sensações reprimidas desse passado longínquo. Sua personalidade se afirmará, sua solidão aumentará, ela se tornará uma moradia toda banhada pela penumbra, longe da qual passará o fracasso dos outros. E se, desse regresso, deste mergulho num mundo próprio, surgirem versos, então você não pensará em perguntar a ninguém se são bons versos.*"

> Eu concordo/Penso que quando se escreve (versos, obras…) com nossos sentimentos, falando de nossa vida, ninguém se pode permitir criticar essas "Obras de Arte".

Mas essa elaboração pessoal é muitas vezes menos direta e menos imediatamente consciente. Ela resulta da experiência de alteridade que oferece a literatura e que exige do leitor um movimento de empatia,

---

18   ECO, U. *Six promenades dans les bois du roman e d'ailleurs*. Paris: Éditions Grasset-Fasquelle, 1996.

19   MANGUEL, A. *Journal d'un lecteur*. Arles: Actes Sud, 2004, pela tradução francesa.

de identificação ou desdobramento. Ao entrar em um personagem ou narrador, esposando seu pensamento e seus sentimentos, o leitor alarga seu horizonte afetivo e intelectual. Como escreve Bruno Clément: "Eu não posso nomear o outro, aproximar-me dele senão a partir de mim (a proporção, a intensidade, a natureza dessa relação constituem claro inúmeras variáveis); mas é igualmente verossímil, [...] que a questão da identidade não pode deixar de fazer este desvio do Outro".[20] A descoberta do outro em si, a revelação de uma humanidade compartilhada, questões essenciais da leitura manifestam a dimensão humanista da cultura literária. Quando a experiência de leitura põe em jogo o corpo, os afetos, a atividade fantasmática, quando ela se faz mais intensa, a figura especular de um personagem literário pode se tornar um símbolo para o leitor, seja como uma justificativa de sua própria conduta seja como a encarnação de uma forma de humanidade. Assim é para Simon, aluno da segunda série para quem a identificação com Meursault é vivida como uma liberação:

> Um dos problemas que eu tentava resolver me levou a sentir e a emitir emoções iguais àquelas de Meursault. Eu tenho, como ele, tentado me esconder em uma máscara de indiferença e em um mundo de imaginação que me levou (guardadas as devidas proporções) a cometer uma violência que jamais julguei ser capaz [...] E ao fim deste período recente, eu enfim pude me conhecer, me apreender, e começar a construir o homem que serei amanhã. Eis porque compreendo Meursault, o que ele exprime e o que ele não exprime.

Análises tão pessoais são raras. E, de fato, muitas vezes a atividade fantasmática do sujeito leitor escapa à sua plena consciência. "São os textos em que alguma coisa passa de inconsciente a inconsciente que mais despertam a interioridade do leitor", escreve Michèle Petit.[21] E ela afirma: "E isso em grande parte nos escapará sempre – felizmente".

---

20 CLÉMENT, B. *Le lecteur e son modèle*. Paris: Presses Universitaires de France, 1999, p. 15.

21 *Op. cit,*. p. 66.

A esse respeito, o diário íntimo de Nathalie Le Brière e o silêncio que acompanha muitas vezes os excertos copiados sugerem essa busca de si através dos textos de outro. Em sua autobiografia de leitora, a estudante analisa sua trajetória: "Esses excertos ecoavam em minha vida cotidiana… […] A cópia dos excertos do *Segundo sexo* (tomos I e II) funcionou como um escape para minha cólera e um eco para meu sentimento na época". Alguns excertos, os mais antigos, são às vezes acompanhados por breves comentários onde se leem o problema e a angústia da adolescente face à experiência física do amor. Assim, no começo de 1999, a leitura do *Germinal*, depois da autoficção de Cyrill Collard, *Les nuits fauves,* suscitam, com um mês de intervalo, estas reflexões:

> Existe um sentimento de inacessibilidade no amor. Apesar de uma proximidade cotidiana.
> Desejos recalcados. Sonhos, fantasmas nos espíritos.
> O medo, o temor também da comunicação apesar da vontade.
> A atroz vontade que coça, mas que não se pode ousar.

> História de uma vida que não é senão um longo declínio. A fatalidade de um destino sem saída.
> Muitas sensações.
> Eu tive visões muito pessoais, fantasmas que eu não ousaria nem mesmo pôr no papel.
> Quem será o primeiro a que eu me entregarei?

Esses traços de leituras aclaram aqui um dos aspectos mais íntimos do papel da cultura literária na construção de si. Mas a reflexividade suscitada pela leitura das obras literárias se exerce também no domínio das ideias. A cultura literária tem sentido para o sujeito quando a obra lida é relacionada com a experiência do mundo.

Pensar o mundo: um olhar sobre o mundo

Relacionar a obra lida com a existência é um traço recorrente nos diários de alunos do ensino médio, quer se trate de escritos escolares ou privados. Os comentários de Delphine sobre a sétima carta de Rilke são, desse ponto de vista, significativos, com os julgamentos sucessivos sobre a visão de mundo expressa pelo poeta: "suas afirmações são sempre válidas atualmente", "nos dias de hoje, essas afirmações são falsas". No diário, Nathalie executa os mesmos procedimentos quando utiliza suas leituras para refletir sobre a condição feminina ou a filosofia do combate.

Signo de uma cultura ativa, essa apropriação pessoal do texto (cujo processo pode ser percebido nos escritos) não tem geralmente lugar no espaço escolar; onde só é legítima a referência ao literário. Atualmente, entretanto, esse ponto de vista parece não mais objeto de unanimidade, como testemunha a reflexão de Bellemin-Noël ao questionar "a necessidade que hoje parece uma evidência de dar um estatuto privilegiado ao *referencial literário*. Por que, afinal de contas, nos parece natural tratar o universo culturalizado dos textos de modo diferente dos objetos do mundo que remetem à nossa experiência ordinária, ou seja, a experiência não mediada pela literatura?". Parece-me, com efeito, que convém reabilitar e levar em conta esse vínculo estabelecido com o que está "fora da literatura", vínculo há muito julgado não pertinente e que, dando sentido à leitura, a faz, por sua vez, irradiar sobre nossa vida. Assim é, por exemplo, o modo de pensar de Alberto Manguel, que durante um ano releu os livros de que gostou, procurando as ressonâncias com os acontecimentos do mundo contemporâneo ou de seu cotidiano. Enquanto lia *A invenção de Morel*, de Adolfo Bioy Casares, "a história do homem que naufraga numa ilha aparentemente habitada por fantasmas", ele volta a Buenos Aires que lhe provoca "um efeito de um lugar fantasmagórico". O *começo* da obra o leva de imediato a relacioná-la com o contexto da leitura: "*A invenção de Morel* começa por uma frase célebre hoje na literatura argentina: 'Hoje, nesta ilha, um milagre se produziu'. Parece que na Argentina os milagres são cotidianos".[22] O vaivém entre o texto de Bioy e o contexto argentino se segue até este pequeno parágrafo conclusivo: "Para que um livro nos toque, é necessário, sem dúvida, que se estabeleça entre nossa experiência e a experiência da ficção – entre duas imaginações, a nossa e aquela que aparece na página – uma ligação feita de coincidências."[23]

Finalmente, a cultura literária funda-se no gesto de relacionar pelo qual o leitor religa a obra literária a outras obras e à sua própria vida e à sua experiência do mundo. Entretanto, o mais das vezes, esta atividade espontânea e inconsciente permanece opaca para o leitor, e os diários de leitura não são apropriados para dar conta do alcance da experiência que se acaba de viver. "Mas que se pode contar de uma leitura? [...] Apresenta-se o mais aparente; o mais importante, sem definição, escapa à apreensão.", escreve Gide, em *Si le grain ne meurt*.[24] E, com efeito, há alguma procedência ao se interrogar sobre a forma que pode tomar o dizer, observando paralelamente os discursos dos críticos e as escritas livres dos alunos do ensino médio e dos universitários.

Perspectivas, em termos de expressão: elogio da variação e da metáfora

A reflexão sobre a cultura literária não resolve o impasse sobre a forma dos escritos (ou as formas de expressão) que dela se ocupam. A problemática é a seguinte: como falar de sua recepção de outra forma senão pelo uso da glosa e da metalinguagem? Como expressar a experiência estética, esse indizível que escapa à racionalidade da linguagem?

Os limites da glosa têm sido ressaltados há muito tempo. Desde 1980, em *La production du texte*, Michel Riffaterre denunciava o procedimento racionalizante de explicação do texto que o achata e arruína sua unicidade.[25] Outro argumento, trazido pela crítica freudiana, mere-

---

22 MANGUEL, A. *Op. cit.*, p. 19-21.

23 *Ibidem*, p. 32.

24 GIDE, A. *Si le grain ne meurt*. Paris: Éditions Gallimard, 1965, p. 202.

25 RIFFATERRE, M. "L'explication des faits littéraires". In: *La production du texte*. Paris: Seuil, 1979, p. 8.

ce atenção: "O crítico freudiano evita impor *blocos de sentido* porque ele poderia bloquear a carga de sentido em seu leitor",[26] escreve Bellemin-Noël que reclama contra a etiquetagem: "É preciso ter o gosto de restituir *uma trajetória* mais do que nomear. Retraçar um percurso consagrado de tal modo que o leitor ali construa uma caminhada nova, que seja ao mesmo tempo *sua* caminhada". Isso que sugere é do interesse de um discurso "aberto" que não congela significações e estimula assim a imaginação e a criatividade do leitor.

Essas observações convidam, portanto, no plano didático, a falar da literatura com uma linguagem liberta dos valores de racionalidade que prevalecem na glosa e na comunicação ordinária. Elas incitam a recorrer a uma linguagem mergulhada no imaginário e, nesse sentido, não censura a expressão dos afetos para dizer a experiência sensível das obras. Dessa forma, a escolha da metáfora, que é a expressão de um dizer singular, pode ser uma via a ser explorada, ao lado da abordagem conceitual, que não se trata de abandonar, mas de tornar menos hegemônica. Barthes reivindicava para o crítico o direito à palavra indireta; paralelamente, não podemos acolher no espaço escolar o discurso metafórico como modo de abordagem da complexidade?

Prática da variação

A observação das escritas "livres/libertas" produzidas fora da convenção, fora da norma escolar, encoraja essa abertura.

Notamos antes de tudo nos jovens leitores a necessidade de escrever, de imitar o texto lido, de se identificar com o escritor.[27] "Ler, escrever: de um desejo a outro vai toda a literatura", escreve Barthes em *Critique et verité*.[28] É de algum modo por uma escrita da variação fundada na empatia que se exprime o prazer do texto. Alguns dos poemas escritos por Nathalie Le Brière aparecem como ecos dos poemas amados.

---

26   *Op. cit.*, p. 204.

27   "Imitar uma escrita é uma recaída da conivência, da identificação própria ao vínculo transferencial". BELLEMIN-NOËL. *Op. cit.*, p. 198.

28   BARTHES, R. *Critique et Verité*. Paris: Seuil, 1966, p. 78 e 79.

Outros entram em diálogo com estes, supõem uma conivência com o poeta. Outros ainda, mais criativos, constituem-se essencialmente sobre empréstimos formais.

Esse desejo de escrever não é um fato isolado: encontra-se no diário de Marion, com a forma poética escolhida para expressar suas impressões durante a leitura de "Au cabaret vert", para entrar em ressonância com o texto.

Da emoção estética à intenção artística

Outras formas de apropriação do texto aparecem nos diários pessoais e nos cadernos de citações, tal como este texto de espacialidade poética, no caderno de Noémie, decorrente da soberba frase proustiana:

Mas

quando de um passado antigo nada subsiste
depois da morte dos seres
depois da destruição das coisas

sozinhos
mais frágeis
mas mais vivazes
mais imateriais
mais persistentes
mais fiéis,

o odor e o sabor permanecem ainda longamente
como almas
a se lembrar a esperar a esperar
sobre a ruína de todo o resto
a carregar sem se dobrar sobre pequena gota quase impalpável

O EDIFÍCIO IMENSO DA LEMBRANÇA
Marcel Proust, *No caminho de Swann*

Ou ainda a escolha de um desenho em pastel para acompanhar a citação de Rimbaud:

"Eu escrevia silêncios, noites, eu exprimia o inexprimível, eu fixava verti-gens..." ao qual responde esta metáfora pessoal:
De tanto fugir das portas deixadas abertas por nossos pesadelos.

A presença do desenho no caderno celebra a literatura em seu perten-cimento à arte. É também uma homenagem ao texto literário que manifesta Samuel, estudante de física, com a prática da caligrafia.

Universos literários singulares: gostos literários, escritas literárias

Ao lado desse trabalho de bordado sobre os textos amados (pelo qual se declara a paixão pela literatura), aparece, ao longo dos diá-rios íntimos ou nos cadernos de leitura, comentários nos quais se vê nascerem e se afirmarem gostos literários. A exaltação que prolonga a leitura desemboca em uma reflexão metaliterária: certos escritores são erigidos em modelos, valores literários são postos à frente. Assim, é esta passagem do diário de Nathalie, onde a adolescente precisa os ele-mentos de uma poética futura: brevidade, intensidade, procedimento que nos faz pensar naquela de Italo Calvino em *Seis propostas para o próximo milênio.*

> Eu gostaria de saber escrever uma história como essa: breve e intensa. Fazer falar os personagens e deixar bastante subjetividade emanar deles, pois como narrador, nada tenho a acrescentar. Não me demorar em descrições intermináveis que fazem bocejar o leitor e o impedem de seguir o curso da ação da história. Enfim, eu não gosto de histórias muito longas; no fim, elas me entediam. Aliás, eu não poderia jamais escrever assim. Eu sempre tenho vontade de terminar rápido o que eu escrevo para saber no que isso vai dar – eu sou quase incapaz de ficar em suspense. É por isso que eu escrevo poemas. Como diz Baudelaire: "A brevidade aumenta a intensidade".

Lugar de balanço, mas também de ensaio, as anotações pessoais apre-sentam igualmente, através da escolha de uma escrita literária, os contornos de um universo literário singular. Assim, Noémie evoca os personagens de Barrico que habitam sua imaginação, antes de interpelar todos aqueles que ela descobriu ao longo do ano:

> Diante de mim, é sempre um balé de almas que se separam e se distanciam… Homens, mulheres que eu encontrei inopinadamente… Surpresas, diretamente brotadas dos livros. Eu me lembro então de Elsenwin, uma menininha tão branca, tão sensível, enfraquecida pela humanidade. Ela se assemelha a um anjo de seda que cada sopro faz estremecer. Ou Bartelboom, um pseudocientista que escreve há muitos anos à mulher que ele amará… e guarda preciosamente todas suas cartas, reflexo de seu passado, de seu ser no tempo, em uma caixa de mogno. E aquele que estuda as finitudes do mar, isto é, a marca que deixa a água na areia quando a onda se desfaz… Ele que não soube escolher entre duas mulheres.
>
> E esse pintor. Eu te falei dele muitas vezes. Pintar o mar, cada dia, durante horas, até que a maré suba e lhe cubra as pernas. Mas ele fica insatisfeito com suas obras, a obra de uma vida, no entanto! Ele nunca conseguiu encontrar os olhos do oceano-mar; e sem esses olhos, nada de grande, nada de profundo pode aparecer… Esse pintor cujas telas são brancas.
>
> Eles estão todos aqui, comigo, reflexo de meu ano.
>
> E Marthe e Louis. A Troca. Fim de peça: dois mortos. E ainda Kundera, Rimbaud, Baudelaire… e Hans-Thomas… a paz do mundo imaginário tornada real… Estão todos aqui esta manhã…

Como deixa perceber a frase: "Estão todos aqui, comigo, reflexo de meu ano", esse universo literário é convidado a se enriquecer e a se recompor. Ele é a imagem das obras que carregamos em nós em algum momento da vida. Evocá-lo é falar de si pela mediação da literatura…

Algumas pistas para uma didática da implicação

Qualquer que seja a forma escolhida – cópia, paráfrase, metadiscurso, escrita criativa, caligrafia, desenho... –, esses traços de leitura são o signo de um engajamento literário muito pessoal. Eles resultam de uma leitura subjetiva sem a qual não existe experiência literária. Eles mostram também que esta última encontra sua realização na escrita ou na arte.

Uma didática da implicação pode ser inspirada por essas práticas, primeiro favorecendo a elaboração do "texto do leitor"[29] e, portanto, isto que J. Bellemin-Noël denomina a "leitura-escuta-escrita". Bem entendido, não se trata de se imiscuir na intimidade dos alunos, mas de acolher suas reações pessoais como traços dessa elaboração do texto do leitor. Os pesquisadores reconhecem hoje a necessidade do engajamento subjetivo do leitor. Bertrand Gervais, em uma exposição que empresta seu quadro conceitual de Peirce e de W. Benjamin,[30] faz o elogio de "Musement", ao mesmo tempo sonho e imaginação, estado no qual o leitor "capta a aura de seus objetos de pensamento, pela percepção dos traços evanescentes que estes deixam nos limites da consciência, lá onde o próximo e o distante se confundem".[31] Ele destaca a importância e a fragilidade desse momento que, por ter acesso à existência, deve se transformar em "um material sem forma nem textura, um imenso rascunho" no qual a escrita aparece "como um processo em ato", como "um conjunto de proposições parcialmente ilegíveis", mas que vão constituir o terreno de onde nascerá a interpretação. Sob forma de fábula, essa apresentação das operações intelectuais que conduzem à interpretação aponta como um lugar essencial esta zona obscura que escapa à apreensão do leitor e da qual apenas alguns traços tênues chegam à consciência; mas esses traços são "a única parte à qual temos direito, a única sobre a qual podemos nos deter para tentar compreender o que somos".[32] Compreende-se então todo o interesse de

---

29   Esta denominação de Pierre Bayard encontra equivalências na noção de "contra-texto" proposta por Jean-Charles Chabane e de "texto fantasma" empregado aqui mesmo por Françoise Demougin.

30   GERVAIS, B. "Três personagens em busca de leitores: uma fábula", neste livro.

31   *Ibidem*, p. 98.

32   *Ibidem*., p. 93.

captar e de explorar esses traços, de acolher "os rascunhos" do pensamento, de reter por um momento esse caos de sensações e de intuições antes de proceder a uma triagem, de reduzir, de ordenar.

Para estimular o trabalho da imaginação, a lógica associativa pode ser engatada, como se faz no ensino fundamental, com questões do tipo: "isso faz vocês pensarem em quê?". Conhecemos bem os perigos e os limites de tal procedimento para as crianças – subjetivismo, solipsismo –, mas no ensino médio o risco é menor[33] e o estatuto dessas reações não escapa aos alunos que não confundem tais questões com a interpretação do texto. Um exemplo: este comentário que uma estudante faz do soneto de Théophile Gautier, "Beijar rosa, beijar azul" ["Baiser rose, baiser bleu"], extraído da coletânea *Dernières pensées*:

> Eu escolhi este poema porque o título é convidativo: as cores "rosa" e "azul" me fazem pensar em balas aciduladas e a palavra "beijar" em um universo de guloseimas.
>
> Não é isso, entretanto, o que expressa o poema, que me faz, contudo, pensar em um universo de cores pastéis, repousantes.
>
> Este poema, portanto, me agradou, mais pelas conotações que ele me inspira do que por seu conteúdo.

Evidentemente, esse devaneio sobre o texto é acompanhado de lucidez: a aluna não confunde suas reações fantasmáticas com a interpretação do texto e, ao designar as conotações, ela tem consciência dos efeitos do texto sobre si mesma.

É ainda à lógica associativa que vamos apelar para impulsionar e favorecer as reações de interleitura, esta não se limitando à aproximação de textos literários, mas podendo ser compreendida em sentido amplo como aproximação motivada de objetos semióticos diversos: texto literário, imagem, documento tirado da atualidade, música. Todo aluno pode, então, com seus próprios recursos, fazer irradiar as significações do texto. É por essas colocações em ressonância que a cultura literária pode fazer sentido na experiência do sujeito.

---

33   Em razão do pudor dos adolescentes, da crença no ridículo frente ao grupo.

Nesse contexto, a escrita não é somente para os alunos o meio – escolar – de dar conta de sua cultura literária, ela é a própria expressão da cultura. Isto porque é preciso aceitar escritores literários criativos, ao lado de exercícios canônicos – dissertação, comentário –, como aparecem nos diários pessoais e nos cadernos de leitura. A escrita de invenção, muito regrada,[34] não responde senão imperfeitamente a este desejo: exigente, destinada à avaliação, ela deixa pouco espaço para a subjetividade do aluno. Não se poderia desde então conceber espaços onde dar direito de cidadania à linguagem indireta? A reação do leitor pode ser uma escrita poética em eco com o texto, uma resposta que incorpora o ritmo – que significa por seu ritmo – e torna-se ocasião de uma exploração da linguagem, modo de apropriação e de expressão singular da cultura literária. Quando se afirma a necessidade de transpor e de simbolizar em uma escrita pessoal a experiência da leitura, essa necessidade, essa escolha de uma via original de elaboração de seu pensamento – não seria o caso de encorajá-la? Essa questão não é retórica: o professor pode engajar e acompanhar seus alunos nessa via, como o ilustra a realização, numa sala de aula de primeira série do ensino médio, desse *Abécédaire* de Apolinaire. Resposta sensível e criativa à leitura de poemas de *Alcools*, o *Abécédaire* remete à imagem de uma cultura literária singular e ativa.

---

34 Ver a esse respeito o estudo muito preciso de Nathalie DENIZOT: "*Écriture d'invention et culture littéraire: images de scripteurs-lecteurs*", 7ème Rencontres des chercheurs en Didactique de la Littérature, iufm de Montéllier, 6-8/04/2006.

O ADVENTO DOS LEITORES REAIS

Annie Rouxel
(Tradução Rita Jover-Faleiros)

A experiência da leitura, como toda experiência humana, é sempre uma experiência dupla, ambígua, dividida: entre compreender e amar, entre a filologia e a alegoria, entre a liberdade e a restrição, entre a atenção para com o outro e o cuidado consigo.

Antoine Compagnon, O demônio da teoria[1]

As pesquisas em didática da literatura convergem atualmente para a necessidade de se repensar a abordagem dos textos em sala de aula e de se reconfigurar, no plano teórico, a noção de leitura literária. Esta, tal como foi descrita e celebrada, primeiramente, por Umberto Eco, e por Michel Picard em seguida, parece mais uma abstração, uma impossível busca pela leitura ideal – estética e estetizante – que atualizaria ao máximo as virtualidades do texto. Leitura *modelo* de certa forma, fruto de uma elaboração especializada e exaustiva durante a qual o leitor, como no modelo de Umberto Eco, conformar-se-ia às instruções do texto. Entretanto, nessa realização do programa da obra, o que acontece com o leitor real? Qual é o espaço de liberdade de que dispõe para imprimir no texto uma marca pessoal que não traia a *intentio operis?*[2] Na

---

1   COMPAGNON, A. *Le démon de la théorie: littérature et sens commun.* Paris: Seuil, 1998, p. 194.

2   ECO, U. *Les limites de l'interprétation.* Paris: Éditions Grasset-Fasquelle, 1992.

verdade, não poderíamos considerar, como Antoine Compagnon, que, com bastante frequência, a leitura é "deixada de lado"?[3]

Para o ensino médio, a questão se complica e se coloca em outros termos. A leitura literária, em sua forma escolar, é, com efeito, lugar de múltiplas aprendizagens que acabam por fazer do texto apenas um pretexto. Frequentemente, "o gesto de ler desaparece sob o ato de aprender".[4] Além disso, o excesso de formalismo – a confusão ilusória entre observação objetiva e cientificidade – entrava todo e qualquer investimento fantasmático, ético e estético do leitor como sujeito. Finalmente, a leitura literária escolar apresenta-se como uma leitura desencarnada, órfã e já, há muito tempo, cristaliza todas as críticas: tendência à generalização que destrói a unicidade do texto,[5] "decodificação racionalizante relativamente complicada",[6] rigidez de uma "pequena técnica pedagógica [...] dessecante".[7] O exercício escolar apresenta-se, pois, como um mal-entendido, como o fracasso programado de um encontro cujas vítimas são o texto e o leitor. A origem desse fracasso reside, em parte, na concepção autorreferencial da literatura que ainda prevalece, de forma consciente ou não, nas práticas escolares.

A comunicação literária em questão

Faz, entretanto, mais de vinte anos que foi denunciado, na universidade, o impasse gerado pela exclusividade atribuída à noção de autorreferencialidade. Já em 1984, numa afirmação vigorosamente polêmica, Todorov defendia a transitividade da literatura:

---

3 *Ibidem*, p. 164.

4 BARTHES, R. "Sur la lecture". In: *Le bruissement de la langue.* Paris: Seuil,1984, p. 40 e 41.

5 RIFATERRE, M. *La production du texte.* Paris: Seuil, 1979, p. 8.

6 PICARD, M. *La lecture comme jeu.* Paris: Les Éditions de Minuit, 1986, p. 96.

7 COMPAGNON, A. *Le démon de la théorie: littérature et sens commun.* Paris: Seuil, 1998, p. 11.

Faz duzentos anos que se repete que a literatura era uma linguagem cuja finalidade estava nela própria. Já é tempo de voltar às evidências que não deveríamos ter esquecido: a literatura está ligada à experiência humana, é um discurso orientado para a verdade e a moral. [...] Sim, a relação com os valores é inerente à literatura: não apenas porque é impossível falar da existência sem fazer alusão a ela, mas também porque a literatura é um ato de comunicação, o que implica uma possibilidade de acordo em nome de valores comuns.[8]

Condenação que também pode ser identificada, em 1990, neste alerta de Paul Ricoeur:

> A literatura, quando se opõe maciçamente à não literatura, entra numa errância que é também um grande exílio, na medida em que se torna uma aventura da linguagem separada das outras aventuras da práxis.[9]

Os novos programas do ensino básico insistem, por sua vez, na noção de discurso e enfatizam atualmente a dimensão pragmática das obras estudadas. Crítica universitária e discurso institucional unem-se, pois, para definir a literatura como um ato de comunicação cujas implicações estéticas e éticas são ressaltadas.

A literatura é, no entanto, uma prática linguageira específica e complexa. Comunicação diferenciada, "encruzilhada de ausências", nas palavras de Philippe Hamon,[10] a comunicação literária não pode ser reduzida ao esquema de Jakobson. O autor não conhece os leitores de sua obra e estes constroem a imagem do autor após a leitura. Não apenas não há interlocução, não há regulação da comunicação, como acontece na linguagem oral, mas autor e leitor são, um em relação ao outro, somente virtualidades, construções do pensamento. Quanto ao referente da "mensagem", ele "não

---

8 TODOROV, T. *Critique de la critique*. Paris, 1984.

9 RICOUER, P. *Temps et récit en débat*. Paris: Le cerf, p. 199.

10 HAMON, P. *L'ironie littéraire*. Paris: Hachette, 1996, p. 4.

está presente nem para o autor nem para o leitor",[11] o que explica que o texto literário "tenha, por essência, vocação para o mal-entendido".[12]

Além disso, se considerarmos as brilhantes análises (que revelam, contudo, abordagens bastante diferentes do fato literário) de teóricos como as de M. Riffaterre,[13] P. Ricouer,[14] G. Molinié e A. Viala,[15] a especificidade dessa comunicação está no duplo movimento de descontextualização e recontextualização operado na recepção, ao longo de sucessivas leituras. Comunicação não linear, a linguagem é trabalhada num processo de textualização – no qual as palavras existem para si, provisoriamente – antes de construir um discurso sobre o mundo. A leitura literária percebida dessa forma demanda um conhecimento mais apurado; ela é o fruto de uma aprendizagem complexa na qual o leitor aprende a apagar-se para deixar falar o texto.

Não basta apenas renunciar à concepção autotélica da literatura e ao formalismo dos procedimentos para restituir sentido à leitura literária. É necessário, sobretudo, perguntar-se sobre a pertinência do modo – e do modelo – de leitura proposto como condição do funcionamento da comunicação literária.

De uma teoria da comunicação literária à realidade múltipla das leituras

Trata-se de um duplo questionamento: não apenas ele se relaciona à forma de leitura literária erigida como modelo, mas também ao aspecto letrado ou experiente/erudito dessa leitura.

A observação – fora do contexto escolar – das formas elaboradas de leitura literária conduz, em primeiro lugar, a admitir a diversidade dessas

---

11 *Ibidem.*

12 *Ibidem.*

13 RIFFATERRE, M. *Op. cit.* e *Sémiotique de la poésie*. Paris: Seuil, 1983, p. 16-17.

14 RICOEUR, P. "Qu'est-ce qu'un texte?". In: *Du texte à l'action*. Paris: Seuil, 1986, p. 140-141. Segundo RICOEUR, o texto intercepta o movimento da referência ao mundo e é o leitor que coloca o texto em situação, em um trabalho de contextualização.

15 MOLINIÉ, G.; VIALA, A. *Approches de la réception*. Paris: Presses Universitaires de France, 1993, 2ª parte.

leituras. Também, a exemplo de Yves Reuter,[16] é possível questionar a legitimidade do modelo de postura letrada que prevalece no ensino. A análise dos discursos e das práticas experientes de grandes leitores, jornalistas ou escritores, evidencia grande variação na atenção atribuída tanto ao conteúdo existencial quanto à forma da obra; mas, sobretudo, ela revela a importância da subjetividade no olhar lançado sobre um texto. Parece pertinente, assim, privar a leitura literária escolar desse traço distintivo que a liberta de toda e qualquer subjetividade em nome da análise formal? Se o investimento do leitor como sujeito for reconhecido como algo não só inevitável, mas necessário para toda experiência de leitura, passa a ser urgente senão redefinir ao menos repensar o modo de funcionamento da leitura literária escolar. O fato de a *leitura analítica*[17] visar "tendencialmente" à objetividade na descrição dos fenômenos textuais identificados não deve levar ao esvaziamento de toda forma de subjetividade. Ao contrário, é necessário instituir a subjetividade do leitor na consciência mesma de seus limites.

Além disso, a introdução da *leitura cursiva* nos programas do ensino médio leva igualmente à reconfiguração da noção de leitura literária. Descrita como "forma livre, direta e corrente"[18] da leitura, a leitura cursiva diferencia-se da leitura analítica por seu ritmo rápido e por sua função: "Ela não leva a analisar o detalhe do texto, mas a perceber o sentido no todo". Leitura autônoma e pessoal, ela autoriza o fenômeno de identificação e convida a uma apropriação singular das obras. Finalmente, ao favorecer uma outra relação com o texto, permite que se considerem também os leitores reais. Atualmente, a escola aceita, paralelamente ao exercício codificado de leitura analítica, outras práticas de leitura menos rígidas, pondo fim à tradicional oposição entre leitura intensiva e leitura extensiva (ou leitura em compreensão e leitura em progressão, para retomar a

---

16   REUTER, Y. "A leitura literária: elementos de definição". In: DUFAYS, J.-L.; GEMENNE, L.; LEDUR, D.; *Pour une lecture littéraire 2, "Bilan et confrontation"* – *Actes du colloque de Louvain-la-Neuve.* Bruxelles: De Boeck-Duculot, 1996, p. 37. Yves Reuter propõe a distinção entre "leitura literária estética", "leitura profissional da esfera de produção restrita" e "leitura escolar com visada literária".

17   De acordo com a terminologia dos currículos oficiais de 2001 para o ensino médio: leitura interpretativa que se baseia no detalhamento do texto.

18   B. O. de 12/07/2001 – Programa para o ensino médio geral e técnico – Língua Francesa.

terminologia de Bertrand Gervais).[19] A prática conjunta das duas formas de leitura ilumina os fenômenos de osmose resultantes desses processos: tendência à "literarização" da leitura cursiva e, inversamente, traços de um investimento pessoal do sujeito leitor na leitura analítica. Essas observações fundam a proposta de uma concepção da leitura literária como noção plural, ou, em outras palavras, de um escalonamento de práticas de leitura literária nas quais o ritmo de leitura, a atenção ao texto e o investimento do leitor são variáveis desse processo.

Finalmente, o que importa é recolocar o sujeito no centro da leitura. É ele quem imprime sua forma singular à leitura literária e ao texto. E cada leitura multiplica o texto como o manifesta de forma metafórica o escritor Michel Tournier em *Le vol du vampire*:

> Um livro não tem autor, mas sim um número infinito de autores. Àquele que o escreveu soma-se de modo absolutamente legítimo no ato criador o conjunto daqueles que o leram, o leem e o lerão. Um livro escrito que não foi lido não tem existência plena. Ele tem apenas meia-existência. É uma virtualidade, um ser exangue, vazio, infeliz, que se esgota num grito de socorro para existir. O escritor sabe disso e quando publica um livro, larga na multidão anônima de homens e mulheres uma nuvem de pássaros de papel, de vampiros secos, sedentos de sangue, que se espalham sem destino em busca de leitores. Um livro, assim que ataca um leitor, incha-se com seu calor e sonhos. Ele floresce, desabrocha, torna-se, enfim, o que é: um mundo imaginário, farto, no qual misturam-se indistintamente – como no rosto de uma criança, os traços do pai e da mãe – as intenções do escritor e os fantasmas do leitor.[20]

A apropriação do texto pelo leitor dá vida ao texto, confere-lhe seus traços singulares, como na imagem da criança com a qual termina a citação. Ao constituir tal imagem, Michel Tournier aproxima-se das análises de W. Iser segundo as quais:

---

19   GERVAIS, B. *À l'écoute de la lecture*. Montréal: Vlb Éditeur, 1993.

20   TOURNIER, M. *Le vol du vampire. Notes de lecture*. Paris: Mercure de France, 1981, p. 10-11.

"O texto só existe pelo ato de constituição de uma consciência que o recebe."[21] E ainda mais: "o lugar da obra literária é aquele em que se encontram texto e leitor" e ele "tem necessariamente um caráter virtual, uma vez que não pode ser reduzido nem à realidade do texto, nem às disposições subjetivas do leitor".[22]

O texto do leitor

A atenção dos pesquisadores volta-se hoje para o "texto do leitor", fruto de sua implicação e criatividade. Sim, o trabalho de singularização ao qual se entrega o leitor já foi objeto de reflexões; desde 1979, com efeito, Alain Viala e Marie-Pierre Schmitt descreviam-no assim:

> No ato da leitura opera-se todo um trabalho de seleção, esquecimentos, aproximações, acréscimos, em resumo: de transposição pelo qual o leitor traduz o código do texto para o seu código pessoal. Toda leitura é re-produção do texto.[23]

Mas essa constatação objetiva das operações fundamentais efetuadas pelo leitor não era investida de significados, enquanto hoje ela é interpretada positivamente, como índice de uma relação viva com o texto e de uma interpretação legítima. O distanciamento com relação à norma, simbolizada pelo *arquileitor*,[24] não é estigmatizado como insuficiência ou erro: na situação contemporânea de falta de apreço pelos estudos literários, ele é visto como a marca de um investimento pessoal capaz, em sala de aula, de tornar-se o ponto de partida de um procedimento interpretativo.

A suspeita que por muito tempo pairou sobre a subjetividade do leitor acabou por se dissipar. Muitos pesquisadores defendem a subjetividade como essencial para o processo de elaboração semântica. Pierre Bayard, nesse sentido, em seu célebre ensaio *Qui a tué Roger Acroyd?* afirma:

---

21   ISER, W. *L'acte de lecture*. Bruxelles: Mardaga, 1985, p. 48-49.

22   *Ibidem*.

23   VIALA, A. SCHMITT, M.-P. *Faire/lire*. Paris: Didier, 1983, p. 22.

24   Conceito criado por M. RIFFATERRE para definir a instância "potencialmente onisciente" de uma comunidade de leitores.

> Não existe texto literário independente da subjetividade daquele que o lê. É utópico pensar que haveria um texto objetivável, sobre o qual os diferentes leitores viriam projetar-se. E se esse texto existisse, infelizmente seria impossível chegar a ele sem passar pelo prisma de uma subjetividade. Cabe ao leitor concluir a obra e fechar o mundo que ela abre, coisa que ele faz a cada vez de uma maneira diferente.[25]

Não apenas P. Bayard destaca a incompletude do texto como antes dele fizera Umberto Eco, mas também desestabiliza a noção de texto como conjunto finito, estável, objetivável, para introduzir a ideia do texto singular e móvel criado pelo leitor a partir dos signos sobre a página. "Como cada leitor constitui sua própria rede de índices – *não é o mesmo texto que é lido*".[26]

Essa postura pode ser identificada à de Jean Bellemin-Noël para quem o texto só existe quando modelado pelo leitor. A perspectiva psicanalítica adotada pelo crítico acentua ainda mais a importância e o significado dessa apropriação do texto.

> Não existe em nenhum lugar algo como "O" texto – exceto se voltarmos ao "Texto" (Compreendo: o texto do autor, tal e qual).
>
> De minha parte, aquilo que chamo de texto, e se desejamos que essa palavra tenha algum interesse, é sempre "meu texto": uma versão para meu uso, com os hiatos daquilo que não me interessa e relevos daquilo que me faz sonhar há muito tempo, por vezes segundo uma ordem que tem muito pouco a ver com a sequência explícita da intriga. Uma versão em que alguns detalhes (pretensos detalhes) contam mais que os grandes eixos e que as grandes linhas. Mais, por exemplo, que os diálogos ou os comentários do escritor sobre a psicologia de sua personagem. Se bem que a citação ou a alusão sejam efeitos de superfície reservados à exposição final, a reescrita do texto começa com seu desmembramento e, em seguida, remembramento ao sabor de minha escuta. Se há arte em entregar o Texto ao texto (à textualidade) no comentário, há primeiramente, na leitura texto-analítica uma preocupação e um prazer

---

25   BAYARD, P. *Qui a tué Roger Acroyd?* Paris: Les Éditions de Minuit, 1998, p. 128.

26   *Ibidem*, p. 90.

de tomá-lo como *meu* para escutá-lo, a fim de que eu o compreenda melhor e de que seja mais bem compreendido *pelos outros*.[27]

J. Bellemin-Noël destaca bem essa propriedade do texto que faz dele um espelho identitário ou, para prolongar a metáfora da escuta, uma caixa de ressonância dos interesses conscientes ou inconscientes do sujeito leitor. Se é possível falar de "texto do leitor", não é apenas porque o texto é modelado pelo leitor, é também porque o leitor está presente no texto que produz.

Essa presença é tamanha – fortemente tecida com a matéria do texto – que transparece com evidência em toda atividade de comentário, mesmo quando este, aparentemente distanciado, é feito por um especialista. Nesse sentido, Bruno Clément explica que "pode-se dizer sobre qualquer comentário digno desse nome que de uma maneira ou outra falta-lhe o objeto" e que "esse fracasso (dizemos também com frequência: esse erro), longe de invalidar o procedimento ou intenção, é, ao contrário o índice de uma implicação subjetiva sem a qual nenhum comentário poderia vir a ser concebido".[28] Finalmente, "a qualidade do comentador [...] não apenas designa, mas 'inventa' seu objeto"[29] e, assim, o comentador escruta seu próprio texto de leitor, ou mais precisamente, as eflorescências desse texto que está em construção, pois o texto do leitor não é anterior ao comentário, ele é produzido por esse comentário que se esforça para capturá-lo e imobilizá-lo.

Mas o que se pode apreender daquilo que é, essencialmente, móvel e flutuante? Como descrever esta confluência no pensamento, entre si e o mundo que inunda com signos? A atualização de um texto por um leitor é construção de um objeto imaterial e efêmero que se furta à observação e tende a dissolver-se com o tempo, ou, mais exatamente, a metamorfosear-se em modelos e cristalizações semânticos que subsistem únicos na memória.

Assim, nos leitores que desenvolvem uma grande atividade imagética, muitas imagens mentais produzidas na leitura apagam-se com o tempo; as que resistem e continuam vivas não têm, entretanto, a precisão das imagens

---

27 BELLEMIN-NOËL, J. *Plaisirs de vampires*. Paris: Presses Universitaires de France, 2001, p. 169.

28 CLÉMENT, B. *Le lecteur et son modèle*. Paris: Presses Universitaires de France, 1999, p. 17.

29 *Ibidem*, p. 16.

ópticas:[30] são concreções semânticas que ultrapassam o momento da sua produção e condensam esquemas de ações. Frutos "de sínteses passivas" (segundo a terminologia escolhida por Husserl para indicar que se desenrolam abaixo do limiar da consciência), sua força provém da sua própria origem e do eco que suscitam nas profundezas de ser. De acordo com W. Iser,[31] põem em presença e associam de forma indissociável a representação e o sujeito que as fez nascer.

Ao tentarmos circunscrever mais precisamente as transformações impressas no texto pelo leitor, somos levados a perguntar-nos sobre aquilo que J. Bellemin-Noël inscreve sob a metáfora do prazer vampiro e que Gérard Langlade designa "por atividade ficcionalizante do leitor".[32]

Gosto pela ficção e mestiçagem do texto

J. Bellemin-Noël apresenta a leitura como uma atividade vampiresca "pela qual um sujeito assimila seu objeto [...] sugando-lhe o sentido".[33] A esta imagem da absorção, da incorporação do texto pelo leitor responde a imagem recíproca da projeção do mundo do leitor no texto. Independentemente do ponto de vista adotado, o resultado é o mesmo: o texto do leitor resulta de uma mestiçagem entre o texto do autor e o imaginário do leitor.

O imaginário do leitor alimenta-se, ele próprio, de várias fontes: compõe-se de imagens e representações que provêm da sua experiência do mundo – da sua história pessoal, do imaginário coletivo da sociedade em que vive – e das suas experiências estéticas anteriores. Que parte cabe a cada uma dessas fontes? Não é possível dizer. De acordo com o indivíduo, de acordo com a situação de leitura, uma ou outra será dominante. As teorias

---

30   Ver ISER, W. *Op. cit.*, p. 243-260.

31   *Ibidem*, p. 253: "resulta disso uma associação inseparável entre a imagem de representação e o sujeito leitor".

32   LANGLADE, G. Comunicação no seminário do grupo de pesquisa DLLJ (Didática de Letras e Literatura Infanto-Juvenil), comunicação no seminário do grupo de pesquisa do CELAM (Centro de Estudos das Literaturas Antigas e Modernas, equipe de recepção n. 3206), Universidade de Rennes 2, jan. 2005. Ver o *site* do CELAM: https//www.uhb.fr/labos/celam/index.htm

33   BELLEMIN-NOËL, J. *Op. cit.*, p. 6.

da arte e a da leitura que exploraram esta parte do leitor que se funde ao texto para dar-lhe sentido têm, cada uma, realçado aspectos específicos. Assim, Roman Ingarden[34] destacou, há bastante tempo, a importância da experiência de mundo e mostrou que é ao pôr o texto em relação às normas e aos valores extraliterários que o leitor dá sentido a sua experiência do texto. Mais recentemente, ao propor a noção de *mundo intermediário*, Pierre Bayard procurou definir e delimitar o estatuto deste fora-texto e descrever como se opera seu encontro com o texto:

> Esta incompletude do mundo da obra leva a supor que existe em torno de cada uma, produzido pelo caráter limitado dos enunciados e pela impossibilidade de aumentar o número de informações disponíveis, todo um *mundo intermediário* – do qual parte é consciente e parte inconsciente – em relação ao qual os cálculos do leitor se desenvolvem para que a obra, completada, possa atingir a autonomia. Um mundo outro, num espaço com leis próprias, mais móveis e mais pessoais que o próprio texto, mas indispensáveis para que ele chegue, em uma série ilimitada de seus encontros com o leitor, a uma coerência mínima.[35]

É deste *mundo intermediário*, próprio a cada leitor que provém "o texto do leitor". É ele que assegura a mobilidade do sentido e gera as divergências e as incompreensões entre leitores.

O texto do leitor elabora-se igualmente com elementos – motivos, estereótipos – originários do imaginário coletivo. Em uma de suas conferências sobre a literatura contemporânea,[36] Italo Calvino, retomando um verso do *Purgatório* de Dante (XVII, 25), interroga: "De onde vêm as imagens que 'caem' na imaginação 'como uma chuva'?". É pensando na criação literária que ele se interessa pela imaginação figurativa, mas sua resposta refere-se também às imagens formadas na leitura: é necessário ligá-las aos "emissores terrestres, como o inconsciente individual ou coletivo, ao tempo reencontrado graças às sensações que afloram do tempo perdido, às epi-

---

34 INGARDEN, R. *L'oeuvre d'art littéraire* (1931). Trad. fr. Lausanne: L'âge d'homme, 1983.

35 BAYARD, P. *Qui a tué Roger Acroyd? Op. cit.,* p. 129.

36 CALVINO, I. "Visibilité". In: *Leçons américaines*. Paris: Éditions Gallimard, 1992.

fanias ou concentrações de existirmos num ponto ou momento singular. Trata-se, em suma, de processos [...] que excedem nossas intenções e nosso controle, transcendendo em certa medida o indivíduo".[37]

A imaginação do leitor alimenta-se também do repertório de suas próprias lembranças literárias e estéticas, aquelas mesmas que fundam sua *interleitura*. Mas, na atividade mental de realização do texto, a lógica associativa estende-se livremente sem preocupação de coerência; ela bebe em fontes heterogêneas – às vezes esquecidas – e faz com que coabitem, numa composição insólita, figuras oriundas de universos imaginários ou artísticos muito distantes se não totalmente estranhos. Se é raro que um leitor comente ou evoque as associações de imagens ou de ideias que nascem em sua mente durante a leitura, em contrapartida, quando termina concretamente o texto, prolongando a escrita do autor, pode revelar o caleidoscópio das suas referências. Assim, na sua autobiografia de leitor, Michel Tremblay evoca com humor as figuras que na sua infância povoavam a sua imaginação e às quais dá vida na narrativa que inventa para seus colegas:[38]

> Inspirava-me naquilo que lia, filmes que tivesse visto em minha vida, radionovelas que escutávamos em casa [...], contos de fadas que minhas primas me contavam, o que lia a tia Lucile no rádio, sábado de manhã, os gibis de *La presse* que comprava no Sr. Guimond. [...] Eu fazia intervir a boa fada de *Pinocchio*, a madrasta de *Aurora*, a *criança mártir*, a baleia de *Moby Dick*, o Gato de botas e Yvan, o intrépido, Peter Pan e Mickey Mouse, Hitler e Rim-tim-tim.

A presença na imaginação de referências literárias e culturais disponíveis para a atividade consciente de invenção ilumina em parte – pode-se lançar tal hipótese – o material latente do qual se alimenta a *inventio* inconsciente própria à atividade leitora. O que difere então é o modo como são chamadas essas referências, sua erupção e seu funcionamento, que se aparentam mais, na sua descontinuidade, às associações e pulsões descritas pela psicanálise.

---

37   *Ibidem*, p. 141.

38   TREMBLAY, M. *Un ange cornu avec des ailes de tôle*. Arles: Actes Sud, 1996, p. 113.

Todos os componentes do imaginário do leitor misturam-se ao imaginário do texto e produzem uma obra única, original. Além disso, se observarmos finamente as modalidades de apropriação do texto pelo leitor, constataremos que este último cria uma nova *fábula*, projetando no texto a sua axiologia e seus fantasmas e reforçando a coerência mimética da obra: essas três operações formam o que Gérard Langlade nomeia de atividade ficcionalizante do leitor.[39]

Este desejo por ficção existe mesmo quando não está previsto – por exemplo, na leitura de um poema contemporâneo que exclua qualquer dimensão narrativa ou discursiva. Basta lembrar das traduções narrativas de Émilie Noulet para lançar luz nos sonetos de Mallarmé! Ou ainda, que se observe nas respostas dos alunos, quando se tenta apreender suas impressões e suas primeiras hipóteses de leitura, esse efeito de transposição de gêneros, como se o narrativo fosse o modo natural de pensar e de dizer!

Quando exercida a propósito de narrações fictícias – romances, contos – a atividade ficcionalizante do leitor tende a aproximar o desconhecido do conhecido e aparenta-se à ilusão referencial. O investimento axiológico do leitor no universo imaginário é um dos aspectos mais evidentes; é o sinal de um encontro efetivo entre o leitor e o texto. Mais visível do que as outras modalidades de apropriação do texto, é emblemático desse entrançamento[40] entre o sujeito e o texto que define o texto do leitor. Quanto à preocupação de coerência mimética provocada pelas cadeias causais, tem a ver com o que M. Riffaterre designa pelo nome "de racionalização discursiva", indicando a tendência do leitor a relacionar a escrita literária aos estereótipos formais e conceituais da comunicação comum.[41] É questionada aqui certa "lógica do real" que prevalece na sociedade atual e provém de uma longa tradição cultural. Finalmente, as projeções fantasmáticas do leitor no texto revelam as inter-relações potentes no ato da leitura, na intimidade do texto-espelho, experiência que recupera, em sentido contrário, a identidade do leitor. Serge Doubrovsky dá um exemplo sig-

---

39   LANGLADE, G., "L'activité fictionnalisante du lecteur", comunicação realizada no seminário do celam em 27/01/2004.

40   Ver BELLEMIN-NOËL, J. *Plaisirs de vampires*. Paris: Presses Universitaires de France, 2001, p. 21.

41   Ver ROUXEL A. *Enseigner la lecture littéraire*. Paris: PUR, 1996, p. 85-87.

nificativo desses jogos especulares em *Fils*, onde o narrador interpreta seu sonho de um monstro marinho "semicrocodilo, semitartaruga, emerso do texto de Racine" e despeja essa interpretação "na explicação do texto, cuja nova leitura permitirá reler em sentido contrário a vida do narrador".[42] Georges-Arthur Goldschmidt evoca "essa comunicação muda"[43] escondida no ser, fora do alcance da palavra humana, que pode exprimir-se pela literatura, graças às palavras dos outros: assim, a inconfessável voluptuosidade da punição corporal, esse terrível segredo, provoca "verdadeira sideração, ofuscamento, centramento"[44] na leitura do livro I das *Confissões*:

> Rousseau formulara, ao mesmo tempo, o mais íntimo e inconfessável: a voluptuosidade da punição, essa incompreensível reversão dos signos que desde a idade de dezesseis anos tanto me transtornara e surpreendera.[45]

Esta leitura permite a G.-A. Goldschmidt assumir-se em sua diferença. O poder transacional e libertador da identificação é reconhecido plenamente aqui como fundamento da experiência literária:

> Em alguns momentos, podia-se assim se reconhecer numa personagem inventada, oscilar com ela, sentir nela o que se sentia com as palavras e as imagens de outro.

Finalmente, a recepção de um texto é uma "experiência literária" apenas quando envolve o ser por inteiro. E é precisamente quando ela se assenta em fenômenos longa e unanimemente condenados, por serem ilusão referencial e identificação, que ela atinge certo grau de plenitude.

Portanto, a exemplo de J. Bellemin-Noël, convém perguntar-se:

---

42 DOUBROVSKY, S. *Fils*. Paris: Éditions Gallimard, 1977, p. 9. Sobre essa questão, ver FOURTANIER, M.-J. "*Doubrovsky, lecteur(s) de Racine*". In: ROUXEL, A.; LANGLADE, G. *Le sujet lecteur. Lecture subjective et enseignement de la littérature*. Paris: PUR, 2004, p. 33-40.

43 GOLDSCHMIDT, G. -A. *Le poing dans la bouche*. Paris: Verdier, 2004, p. 29.

44 *Ibidem*, p. 33.

45 *Ibidem*.

> Até que ponto honesto leitor e/ou leitor honesto da obra de um outro, posso vampirizá-la de modo que passe a ser o meu texto, se ouso dizer, mas que permaneça o texto de seu autor?

Coloca-se, com efeito, o problema dos limites: limites da apropriação e da metamorfose do texto, o que reconfigura "do ponto de vista do leitor" a pergunta "dos limites da interpretação" formulada por U. Eco em 1997.

Limites e significado

Concebida por U. Eco em termos de "cooperação interpretativa", a criatividade do leitor exerce-se no espaço variável, mas limitado, dos implícitos do texto. Estende-se particularmente nas zonas de indeterminação do texto que J.-L. Dufays classifica em quatro tipos: o branco, a ambiguidade, o resíduo e a contradição.[46] O "branco" equivale a uma ausência de informação julgada necessária; a "ambiguidade" remete a uma unidade textual que admite pelo menos dois sentidos; "o resíduo" designa uma unidade semântica que não se integra ao sistema de significado escolhido e a "contradição" define-se como uma incompatibilidade entre unidades textuais de mesmo nível. Mas longe de limitar, essas indeterminações de nível local podem referir-se ao significado global de uma obra, e mais ainda quando se trata "de uma obra aberta", cujo significado é paradoxal ou indefinível.

Ora, a subjetividade do leitor ultrapassa esse quadro preciso e emerge de maneira imprevisível lá onde não é esperada.[47] A criatividade do leitor, como já foi visto, ultrapassa a resposta às injunções do texto. Deve dizer-se que a atividade ficcionalizante do sujeito leitor seria a manifestação indesejável, se não suspeita, de uma liberdade descontrolada? É necessário considerá-la assim e denunciá-la como insuficiência do leitor, como não relevante para a diligência interpretativa?

Na verdade, essas perguntas, que se situam no campo da avaliação da leitura, relembram sua dimensão escolar e universitária e a existência de

---

46 DUFAYS, J.-L. *Stéréotype et lecture*. Liège: Mardaga, 1994, p. 156-157.

47 Ver artigo de Gérard Langlade neste livro.

uma norma que pede respeito diante dos "direitos do texto". Elas tendem a definir "a liberdade supervisionada"[48] que, segundo A. Compagnon, caracteriza a situação do leitor como sujeito.

É possível, portanto, perguntar-nos sobre sua validade no campo social das práticas de leitura, onde o que importa é menos a submissão às prescrições do texto do que o interesse e o proveito pessoal do leitor em sua leitura. A observação das maneiras de ler de grandes leitores, e não dos menores, mostra que eles não hesitam em "utilizar"[49] o texto, ou mesmo a desviá-lo para pensar o mundo e dar a sua vida um acréscimo de existência.

Perspectivas didáticas

Tal constatação generalizada de certa falência do ensino da leitura literária – sobre esse ponto, pesquisadores e responsáveis junto às instituições de ensino estão de acordo – teve por consequência a introdução das leituras cursivas nos programas do ensino médio, em 2001. O objetivo visado era efetivamente uma mudança da relação com o texto durante a leitura.

A curta experiência de quatro anos durante a qual desenvolveram-se procedimentos de leitura cursiva mostrou o interesse por abordagens mais livres da leitura. Os diários de bordo realizados pelos alunos revelam a existência de uma relação pessoal com o texto que autoriza uma leitura autônoma. Na via aberta por essa atividade, convém desenvolver uma *didática da implicação* do sujeito leitor na obra, não somente não o ocultando mais, mas impulsionando seu investimento imaginário e fantasmático na obra, convidando-o a exprimir-se sobre seu prazer ou seu desprazer na leitura. Não se trata, no entanto, de renunciar ao estudo da obra na sua dimensão formal e objetiva, mas ao acolher as impressões dos alunos, favorecer neles

---

48 COMPAGNON, A. *Op. cit.,* p. 172.

49 Ver a respeito a distinção feita por U. Eco entre "utilizar" e "interpretar". In: *Six promenades dans les bois du roman et d'ailleurs.* Paris: Éditions Grasset-Fasquelle, 1996. "Não é proibido utilizar um texto para sonhar com os olhos abertos – fazemos isso de vez em quando. Mas sonhar com os olhos abertos não é uma atividade pública. Isso nos conduz a evoluir na floresta narrativa como se fosse o nosso jardim privativo".

a descoberta das implicações pessoais na leitura. Trata-se de fazê-los sair de uma postura de exterioridade construída face a um objeto escolar para levá-los a compreender que a obra dirige-se a eles. Se os professores não auxiliam nessa tomada consciência, ela está arriscada a nunca ocorrer. A experiência de Simone de Beauvoir, leitora precoce e grande leitora é, a esse respeito, bastante significativa. Foi já ao final de sua graduação no curso de Letras, que descobriu o sentido que as obras literárias poderiam ter para ela:

> À parte as raras exceções que assinalei, para mim as obras literárias eram monumentos que eu explorava com maior ou menor interesse, que às vezes admirava, mas que não me diziam respeito. De repente, homens de carne e de osso falavam-me, no ouvido, deles e de mim; exprimiam aspirações, revoltas que não eu soubera formular, mas que reconhecia.

É necessário, pois, junto aos atuais alunos, incentivar as abordagens sensíveis das obras, estar atento para sua recepção ou para o que manifestarem sobre sua experiência estética. Talvez esta não possa sempre ser comunicada: ela se inscreve na esfera do íntimo e adapta-se bastante bem ao silêncio. A dimensão social da leitura escolar pode ser um obstáculo à fala daqueles alunos que estão conscientes de que se revelam ao falar de sua leitura. A questão ética que se coloca então encontra em parte a sua resposta no fato de que o "eu" que reage às propostas ficcionais da obra é "eu fictício", um dos "eus" possíveis criados pela situação. Mas, mesmo esse aspecto, escapa-lhes, se considerarmos as análises que fazem das suas experiências de leitura nas suas autobiografias de leitor.[50]

De fato, a implicação identitária é particularmente importante na experiência de leitura. Nos termos de Ricœur, o sujeito leitor "destitui-se de si mesmo para deixar ser a coisa do texto", porque finalmente "compreender-se, é compreender-se diante do texto e receber dele as condições de um si diferente de mim que vem na leitura". A identidade do leitor é desconstruída e reconstruída a cada leitura e, no entanto, ela é, da parte do leitor,

---

50 Autobiografias de leitor realizadas junto a alunos do ensino médio mostram que estes consideram que seu "eu" é um dado construído que se revela mais do que se transforma na leitura. É uma concepção essencialista de identidade que se libera dos seus escritos.

objeto de uma busca infinita. "Cada leitura especificava, desfiava assim este inapreensível que se é dentro de si", escreve G.-A. Goldschmidt, apontando a relação tênue entre procura e construção de identidade. Mas esse advento de si ocorre apenas se o sujeito assumir-se na leitura, se aceitar encenar seu papel. Além disso, sua participação efetiva na ficção, sua atividade ficcionalizante, não somente reduzem a alteridade da obra mas participam inteiramente do processo de leitura literária. Esse é o sentido que se deve dar-lhe em sala de aula. Só ela torna possível "esse *percurso de leitura* que talvez fosse o único que mereceria ser chamado de texto, e que é tecido pela combinação flutuante da cadeia (sua) de vida com a trama dos enunciados uma vez por todas combinados pelo autor".[51] Toda e qualquer leitura literária é a criação de um texto singular por um leitor singular.

Assim, a alteração do texto do autor de modo que apareçam os textos dos leitores doravante é considerada como uma necessidade funcional da leitura literária. Essa análise inscreve-se, em nível teórico, num deslocamento do campo da pesquisa, do leitor virtual para os leitores reais. No que diz respeito à concepção de leitura literária, essa evolução traduz-se numa mudança de paradigma: marca a passagem de uma concepção da leitura literária fundada sobre uma teoria do texto, que postula o leitor implícito, a uma concepção que se interessa pela reconfiguração do texto pelo leitor real e apresenta modos de realização plurais. Marca por conseguinte o advento dos leitores reais.

---

51 BELLEMIN-NOËL, J. *Op. cit.*, p. 21.

Esta obra foi impressa em São Paulo no verão de 2013 pela gráfica Vida e Consciência. No texto foi utilizada a fonte Adobe Garamond Pro em corpo 10,5 e entrelinha de 14,5 pontos